POLYGLOTT on tour

Berlin

Die Autoren

Christiane Petri

Die Kunsthistorikerin arbeitete viele Jahre als Journalistin und Reisepublizistin in Berlin. Sie hat zahlreiche Reiseführer über Berlin, Potsdam und Brandenburg verfasst. Ihre Spezialgebiete sind die Kulturlandschaft Berlin-Brandenburg und das naturverbundene Reisen.

Manuela Blisse und Uwe Lehmann

leben und arbeiten gemeinsam als Journalisten in Berlin. Dabei widmen sie sich mit ihrem eigenen Redaktionsbüro Surpress hauptsächlich den Themen Reise, Essen und Trinken, Hotellerie und Gastronomie sowie Lifestyle.

REISEPLANUNG

Die Stadtviertel im Überblick 8
Extra-Touren 10
Tour 1 Ein langes Wochenende in Berlin 10
Tour 2 Bus 100 / Bus 200 12
Tour 3 Die Brückenfahrt 14
Tour 4 Die Fahrrad-Mauer-Tour 15
Klima & Reisezeit, Anreise 17
Stadtverkehr 20
Stadtrundfahrten & -führungen 21
Unterkunft 24
Essen & Trinken 28
Shopping 35
Am Abend 42
Infos von A–Z 160
Register 164
SPECIAL Stadtverführungen 18
SPECIAL Mit Kindern in der Stadt 22
SPECIAL Jüdisches Leben in Berlin 54
SPECIAL Tempelareals des Geistes 79
SPECIAL Die neue Mitte 104
SPECIAL Mauer-Erinnerungen 129

LAND & LEUTE

Steckbrief 48
Geschichte im Überblick 50
Natur & Umwelt 52
Die Menschen 53
Kunst & Kultur 55
Feste & Veranstaltungen 60

Allgemeine Karten
Übersichtskarte der Kapitel 4
S/U-Bahnen Berlin **Umschlag hinten**
Detailkarten
Historisches Zentrum (Mitte) 68
Tiergarten 98
Kurfürstendamm 115
Charlottenburg 118
Prenzlauer Berg 126
Kreuzberg 132
Friedrichshain 139
Köpenick und Umgebung 144
Havel und Wannsee 150
Potsdam 156

TOP-TOUREN IN BERLIN

Historisches Zentrum 64
- Tour 5 Vom Brandenburger Tor zum Schlossplatz 66
- Tour 6 Museumsinsel 77

Mitte 82
- Tour 7 Rund um den Alexanderplatz 84
- Tour 8 Die nördliche Mitte 89

Rund um den Tiergarten 94
- Tour 9 Ein Gang durch den Tiergarten 96
- Tour 10 Rund um den Potsdamer Platz 102

Die City-West 110
- Tour 11 Bummel über den Kurfürstendamm 112
- Tour 12 Rund ums Schloss Charlottenburg 116

Die Szeneviertel Prenzlauer Berg, Kreuzberg und Friedrichshain 123
- Tour 13 Der Prenzlauer Berg 125
- Tour 14 Durch das westliche Kreuzberg 131
- Tour 15 Vom Kottbusser Tor nach Friedrichshain 137

Ausflüge 142
- Köpenick und Umgebung 143
- Havel und Wannsee 148
- Potsdam 154

Erst-! klassig
- Außergewöhnliche Hotels 25
- Top-Restaurants 30
- Die besten Läden 37
- Nightlife in Berlin 87
- Alles vegetarisch 134
- Grünes Berlin 147

Zeichenerklärung der Karten

- 6 Top 12 Tipp
- beschriebenes Stadtviertel (Seite=Kapitelanfang)
- 32 oder A Sehenswürdigkeiten
- 4 Tourenvorschlag in Stadt
- Autobahn
- Schnellstraße
- Hauptstraße
- sonstige Straßen
- Fußgängerzone
- Eisenbahn
- Staatsgrenze
- Landesgrenze
- Nationalparkgrenze

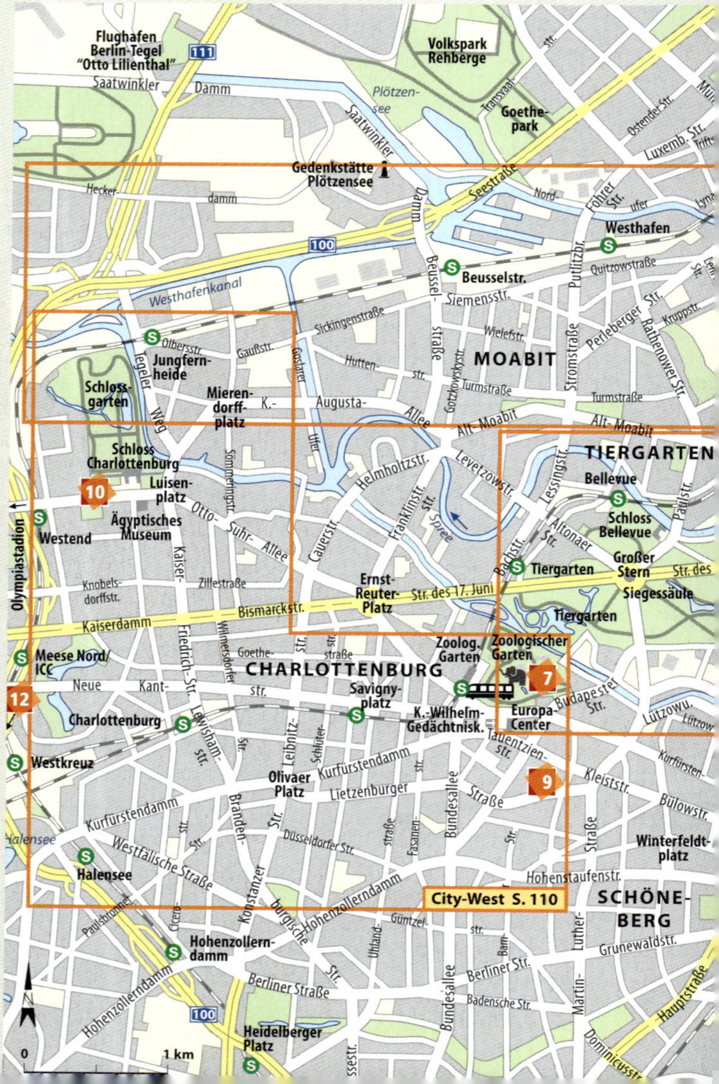

POLYGLOTT Top 12

1 Brandenburger Tor
2 Gendarmenmarkt
3 Museumsinsel
4 Flick Collection
5 Hackesche Höfe
6 Reichstag
7 Zoologischer Garten
8 Potsdamer Platz
9 KaDeWe
10 Schloss Charlottenburg
11 Jüdisches Museum
12 Schloss Sanssouci

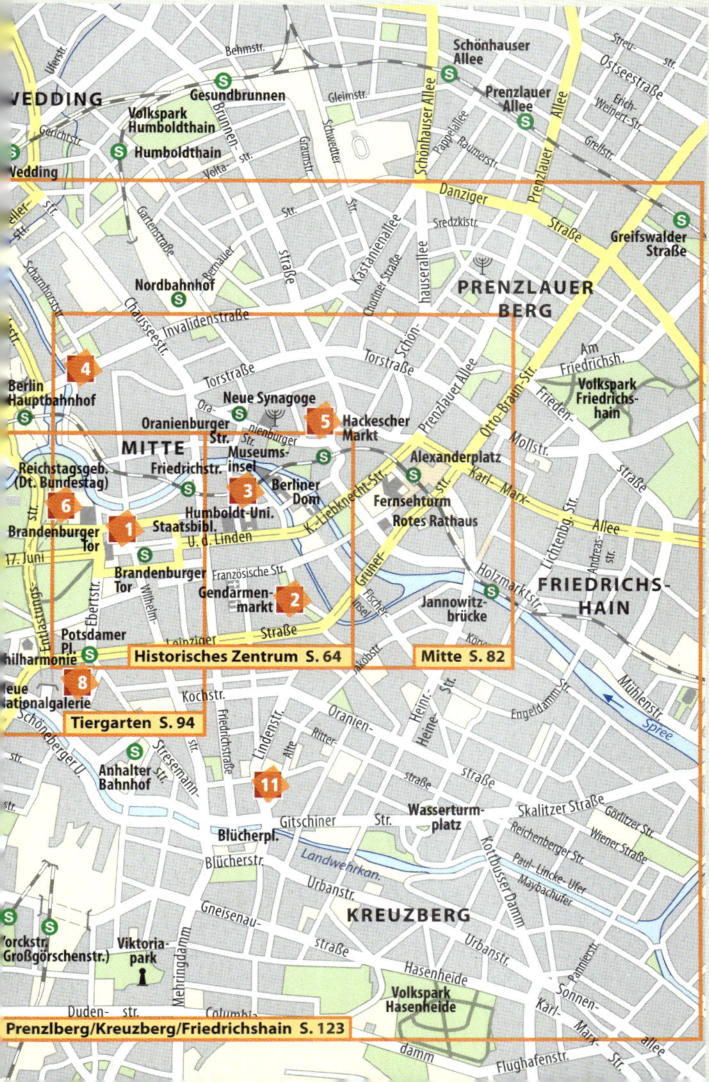

Im Paul-Löbe-Haus an der Spree tagen die Bundestagsausschüsse

REISE-PLANUNG

Die Stadtviertel im Überblick

Hat Berlin eine Mitte? Sicherlich, den Bezirk Mitte gibt es – aber liegt dort auch Berlins Zentrum? Wenn man es geschichtlich betrachtet, dann liegt das so genannte **Historische Zentrum** links und rechts des Prachtboulevards Unter den Linden – zwischen dem Brandenburger Tor am Pariser Platz und dem Ort, wo einst das Stadtschloss stand und wieder aufgebaut wird. Dieses Zentrum schließt auch das UNESCO-Welterbe Museumsinsel, den Gendarmenmarkt und die Friedrichstraße ein.

Zu DDR-Zeiten lag das unangefochtene Zentrum der Hauptstadt im Bezirk **Mitte** rund um den **Alexanderplatz**. Der Kontrast zwischen der alten Bausubstanz wie zum Beispiel der Marienkirche oder dem Nikolaiviertel und den Bauten der klassischen (Ost-)Moderne wie dem Fernsehturm könnte kaum größer sein. Fragt man jedoch die zahlreichen jungen Hauptstadtbesucher, wo Berlins Zentrum sei, dann gibt es zumeist nur eine Antwort: rund um den Hackeschen Markt, in der so genannten nördlichen Mitte mit Oranienburger Straße und Scheunenviertel. Hier gibt es schicke Läden, eine vibrierende Kunst- und Kulturszene. Hier entstehen Trends, hier geht man aus und amüsiert sich. Hier ist Berlin wohl am kosmopolitischsten.

Nur wenige Meter vom Pariser Platz erhebt ein Gebiet einen »Mitte-Anspruch«, das bis Ende der 1980-er Jahre zum Todesstreifen gehörte: der **Potsdamer Platz**. Vor dem Zweiten Weltkrieg tobte hier urbanes Leben, und heute ist der wieder auferstandene Platz mit den angrenzenden Arealen wie dem Leipziger Platz, dem Kulturforum und den Ministergärten, umgeben vom **Tiergarten** und dem **Regierungsviertel**, wieder in die Mitte gerückt, wie auch die vielen ausländischen Besucher rund um Sony-Center, den Marlene-Dietrich-Platz und den Leipziger Platz zeigen.

Aber das klassische Zentrum ist der Potsdamer Platz dennoch nicht. Zumindest für die Westberliner ist das nach wie vor der Ku'damm, der Tauentzien, die Gedächtniskirche und das KaDeWe. Und damit die Schnittmenge aus den drei Innenstadtbezirken Schöneberg, Charlottenburg und Wilmersdorf, genannt die **City-West**. Was das Shopping angeht, halten sich inzwischen Ku'damm und Friedrichstraße die Waage. Und was die Museumsinsel für das Historische Zentrum ist, ist das **Schloss Charlottenburg** für die West-City.

Aber was ist eine Mitte ohne Peripherie? Prenzlauer Berg, Kreuzberg, Friedrichshain, Schöneberg liegen an der Peripherie, wenn man von den vorstehend beschriebenen Gebieten ausgeht. Aber sie sind, betrachtet man ganz Berlin, doch irgendwie auch »in der Mitte«. Peripherie, das ist in Berlin etwas anderes – ganz weit draußen. Und auch wenn viele Menschen aus innerstädtischen Bezirken ins Umland ziehen, ist der Bezirk **Prenzlauer Berg**

Vor dem Alten Museum

mit seinen schön restaurierten Altbauten bei jungen Familien eine der beliebtesten Wohngegenden Berlins; hier ist die Kinderwagendichte am größten. Rund um Kollwitz- und Helmholtzplatz hat sich eine lebendige Restaurant- und Kneipenszene etabliert und auch das Kulturangebot, etwa in der Kulturbrauerei, kann sich sehen lassen.

Kreuzberg, für die einen Negativ- für die anderen Positivbeispiel für eine multikulturelle Gesellschaft, war einst hinterstes West-Berlin und rückte erst durch den Mauerfall in die Mitte der Stadt, wo es zusammen mit **Friedrichshain** einen lebendigen West-Ost-Bezirk bildet, in dem sich besonders an der Spree viel tut. Im Herbst 2008 wurde die neue »O_2 World« eröffnet. Das umliegende ehemalige Industriegebiet wird zum Komplex Media Spree mit Geschäfts- und Wohnhäusern sowie Hotels etc. entwickelt. Reste der Mauer, die einst Friedrichshain und Kreuzberg trennte, sind an der East Side Gallery zu betrachten.

Ganz im Gegensatz dazu stehen die grünen Außenbezirke und das **Umland** sowie das benachbarte **Potsdam** mit seiner UNESCO-Welterbe-Landschaft. Gleich ob im Südwesten rund um den **Wannsee** oder im Südosten rund um **Müggelsee** und **Köpenick** – hier ist Berlin Idylle.

Extra-Touren

Tour 1 Ein langes Wochenende in Berlin

Tour-Übersicht:

Tag 1: **City-West mit Ku'damm-Bummel › Bustour/Schiffstour**

Tag 2: **Historisches Zentrum › Hackescher Markt/Museumsinsel**

Tag 3: **Regierungsviertel und Potsdamer Platz › Museumsbesuch Kulturforum/Hamburger Bahnhof**

Dauer:

Tag 1: Startpunkt: U-Bahnhof Adenauer Platz (Ⓤ7), Gehzeit ca. 2 Stunden; Bustour › **S. 12**, Schiffstour › **S. 14**).

Tag 2: Startpunkt: S-Bahnhof Brandenburger Tor (Ⓢ1, Ⓢ2, Ⓢ25), Gehzeit ca. 2 Stunden, Endpunkt: S-Bahnhof Hackescher Markt, von dort aus Museumsbesuch oder Bummel auf der Museumsinsel.

Tag 3: Startpunkt S-Bahnhof Potsdamer Platz oder Brandenburger Tor (Ⓢ1, Ⓢ2, Ⓢ25), Gehzeit ca. 2 Stunden. Endpunkt S-Bahnhof Potsdamer Platz oder, falls statt des Kulturforums der Hamburger Bahnhof besucht wird, Hauptbahnhof (zahlreiche S-Bahnlinien).

Verkehrsmittel:

Zu Fuß und öffentliche Verkehrsmittel. Innerhalb des Berliner Stadtzentrums ist das Netz öffentlicher Verkehrsmittel sehr engmaschig, so dass es möglich ist, die jeweiligen Vorschläge für den Vormittag und den Nachmittag nach Belieben anders zu kombinieren. Es empfiehlt sich der Kauf einer Tages- oder Mehrtageskarte, Tarifinformationen › **S. 20**.

Drei Tage Berlin haben einen hohen Erlebniswert und reichen durchaus aus, um einen ersten Eindruck von der Vielseitigkeit der deutschen Hauptstadt zu gewinnen. Individuelle Schwerpunkte können dabei immer noch gesetzt werden.

1. Tag: **Vormittags** steht die **City-West** mit einem Bummel über den berühmten Berlin-Prachtboulevard ****Ku'damm** › **S. 112** auf dem Programm, wobei natürlich ein Besuch im ****KaDeWe**, dem größten und schönsten Kaufhaus Deutschlands, nicht fehlen darf › **S. 116**. Zum Mittagessen bietet sich das Restaurant Duke im Hotel Ellington an › **S. 25**, das neu eröffnete Café-Restaurant Grosz oder die Feinschmeckeretage im KaDeWe. **Nachmittags** kann man wählen zwischen einer Fahrt mit der **Sightseeing-Buslinie 100**, die an den wichtigsten Sehenswürdigkeiten im Zentrum vorbeiführt › **S. 12**, oder einer **Brückenfahrt**, bei der man die schönsten Seiten Berlins vom Wasser aus entdecken kann › **S. 14**. Abends könnte ein Besuch einer der vielen Berliner Bühnen auf dem Programm stehen, z.B. Oper, Theater oder Kabarett › **S. 42**.

Am Gendarmenmarkt steht auf der Nordseite der Deutsche und auf der Südseite der Französische Dom

2. Tag: **Vormittags** geht es zum Berliner Wahrzeichen schlechthin, dem ****Brandenburger Tor** › **S. 66**, und weiter zu einem Bummel entlang der Allee ****Unter den Linden** › **S. 71**. Wer am Vortag noch nicht genug einkaufen war, wird sicher in der Friedrichstraße fündig › **S. 71**. Weiter geht es zum ****Gendarmenmarkt** › **S. 72**, einem zauberhaften, von zahlreichen klassizistischen Bauwerken gesäumten Platz. Zu Mittagessen kann man am belebten Hackeschen Markt mit seinen zahlreichen trendigen Cafés und Läden, z.B. im Café und Restaurant Hackescher Hof in den ****Hackeschen Höfen** › **S. 93**. **Nachmittags** kann man sich in den Straßen rund um den **Hackeschen Markt** › **S. 93** treiben lassen. Kunstinteressierte sollten eines der Museen auf der nahen *****Museumsinsel** besuchen, z.B. das **Pergamonmuseum** mit dem berühmten Pergamonaltar › **S. 80**. Am Abend lohnt eine Vorstellung im **Admiralspalast**, einem schön restaurierten Vergnügungstempel im Jugendstil mit abwechslungsreichem Programm. Wem der Sinn nach Multikulti-Szene steht, sollte sich alternativ für einen **Kneipenbummel in Kreuzberg** – Bergmannstraße oder Oranienstraße – entscheiden › **S. 133, 138**.

3. Tag: **Vormittags** geht es ins Regierungsviertel rund um den ****Reichstag** › **S. 96**, dessen begehbare Glaskuppel ein Besuchermagnet ist, sowie zum ****Potsdamer Platz** › **S. 104**, dem neuen heimlichen Zentrum der Stadt, das mit seiner Architektur beeindruckt. Zur Mittagspause empfiehlt sich das Vapiano (Potsdamer Platz 5), das mit Pasta und Salat zum Kombinieren lockt. **Nachmittags** könnte man dem **Kulturforum** › **S. 106** mit der ****Gemäldegalerie**, in der Alte Meister von Weltrang zu sehen sind, einen Besuch abstatten. Wer sich für moderne Kunst interessiert, dem sei alternativ der Besuch des Museums für Gegenwartkunst im ****Hamburger Bahnhof** empfohlen › **S. 89**. Abends lohnt ein **Kneipenbummel im Szeneviertel Prenzlauer Berg** › **S. 125**.

› Karte S. 4/5

Tour 2 Bus 100 / Bus 200

Tour-Übersicht:

Bahnhof Zoo › Alexanderplatz und zurück (Bus 100)
Bahnhof Zoo › Am Friedrichshain und zurück (Bus 200)

Dauer:

Mit einigen Stopps etwa ein halber Tag. Reine Fahrzeit Bus 100 28 Min., Bus 200 38 Min.

Verkehrsmittel:

Die Buslinien 100 und 200 verbinden auf ihrer Strecke einige der wichtigsten Sehenswürdigkeiten. So fahren beide Linien Unter den Linden entlang.
Der normale Einzelfahrschein ist nur 120 Minuten gültig. Wer die Strecke also mehrmals unterbricht, sollte eine Tages- oder Mehrtageskarte besitzen. Oder müsste nach zwei Stunden für die Weiterfahrt ein neues Ticket lösen (Tarifinformation › S. 20).

Der 100er fährt vom **Bahnhof Zoo** über den Lützowplatz und den Großen Stern zum ***Schloss Bellevue** › S. 100, dem Sitz des Bundespräsidenten, weiter zum **Haus der Kulturen der Welt** › S. 100 und zum ****Reichstag** › S. 96. Von der Haltestelle S-Bahnhof Brandenburger Tor sind es nur wenige Schritte zum **Pariser Platz** › S. 70 mit dem ****Brandenburger Tor** und dem **Hotel Adlon**. Weiter verläuft die Strecke Unter den Linden entlang – an der Ecke Fried-

SEITENBLICK

Mit der M1 von der Museumsinsel zum Prenzlauer Berg

Eine weitere abwechslungsreiche Tour mit Kultur und Szene bietet die Fahrt mit der Tramlinie M1. Die Straßenbahn fährt von der **Museumsinsel am Kupfergraben** › S. 77 durch die Friedrichstraße am Friedrichstadtpalast vorbei und durch die **Oranienburger Straße** › S. 91 zum **Hackeschen Markt** › S. 93 – die nähere Umgebung mit zahlreichen Läden, Boutiquen, Cafés, Bars und Restaurant lässt sich gut erlaufen.

Weiter geht es vom Hackeschen Markt durch die szenige **Kastanienallee** am Biergarten Prater › S. 34 vorbei zur Schönhauser Allee im Bezirk **Prenzlauer Berg** › S. 125, wo die Tram unter dem Viadukt der U-Bahn verläuft. Am U-Bahnhof Eberswalder Straße kann man sich bei **Konnopke's Imbiss** mit einer typischen Berliner Currywurst für die Weiter- oder Rückfahrt oder für einen Bummel durch den Szenebezirk stärken.

Die M1 fährt noch über den S- und U-Bahnhof Schönhauser Allee weiter in den Nordosten Berlins durch **Pankow** bis nach **Niederschönhausen**.

Die »Schwangere Auster«, das Haus der Kulturen der Welt, zu sehen bei einem Gang durch den Tiergarten

richstraße kann man aussteigen und in die **Friedrichstraße** › S. 71 und zum ****Gendarmenmarkt** › S. 72 bummeln.

Wieder zurück **Unter den Linden** geht es mit dem Bus weiter: Vorbei an der **Humboldt-Universität** › S. 74 und der ***Staatsoper** › S. 74 erreicht man den Schlossplatz. Gegenüber liegen der **Lustgarten** › S. 77 und der ****Berliner Dom** › S. 77, dahinter sieht man die Bauten der *****Museumsinsel** › S. 77. Nach ***Marienkirche** › S. 84 und **Fernsehturm** › S. 84 erreicht der Bus seine Endhaltestelle am S- und U-Bahnhof Alexanderplatz.

Die Rückfahrt von dort mit dem 200er verläuft bis zur Haltestelle Unter den Linden/Ecke Friedrichstraße auf der Strecke des Busses 100. Doch kurz danach biegt er ab und fährt über die Wilhelmstraße zum ****Potsdamer Platz** › S. 104. Dort kann man aussteigen, das lebendige Stadtquartier und das angrenzende **Kulturforum mit **Gemäldegalerie** › S. 108 zu Fuß erkunden und an der ***Philharmonie** › S. 106 wieder in den Bus einsteigen. Über die Nordischen Botschaften und den Breitscheidplatz mit der ***Kaiser-Wilhelm-Gedächtniskirche** › S. 116 geht es zurück zum **Bahnhof Zoo**. Es bietet sich also durchaus an, eine Linie für die Hinfahrt und die andere für die Rückfahrt zu benutzen, auch wenn die Fahrtstrecke Unter den Linden identisch ist.

› Karte S. 4/5

Tour 3 Die Brückenfahrt

Tour-Übersicht:

Deutsches Technikmuseum › Potsdamer Platz › Bauhaus-Archiv › Zoo › Charlottenburger Tor, Schloss Bellevue › Bundeskanzleramt › Reichstagsgebäude › Museumsinsel, Nikolaiviertel › East Side Gallery › Oberbaumbrücke › Urbanhafen

Dauer:

Etwa drei Stunden.

Verkehrsmittel:

Mit den Ausflugsschiffen z.B. der Reederei Riedel (Tel. 67 96 14 70, www.reederei-riedel.de, Erwachsene 20 €, Kinder 10 €, Stand 2013) ab Hallesches Tor (im Sommer täglich 10.20 Uhr und 14.20 Uhr, Abendfahrten z.B. ab dem Märkischen Ufer (Mi 19 Uhr). Zustieg an verschiedenen weiteren Anlegestellen möglich: z.B. Potsdamer Brücke im Bezirk Tiergarten. Bis zum Märkischen Ufer in Mitte kann die Brückenfahrt auch als 2-stündige Teilfahrt erlebt werden. 2013 kann es zu kurzfristigen Sperrungen des Landwehrkanals kommen.

Die Oberbaumbrücke

Die so genannte Brückenfahrt – insgesamt 63 Brücken werden unterquert – ist wohl Berlins beliebteste Schiffstour. Sie führt in einer großen Runde über Spree und Landwehrkanal (Routenänderungen wegen Sanierungsmaßnahmen des Landwehrkanals möglich) durch die Innenstadt und die Randbezirke und bietet die Möglichkeit, viele Sehenswürdigkeiten aus einem ganz neuen Blickwinkel vom Wasser aus zu betrachten. Dazu zählen klassische Highlights wie das **Deutsche Technikmuseum** › S. 134, **Potsdamer Platz** › S. 104, **Neue Nationalgalerie** › S. 108, ***Bauhaus-Archiv*** › S. 109, ***Zoologischer Garten*** › S. 102, ***Schloss Bellevue*** › S. 100, **Bundeskanzleramt** › S. 97, **Reichstag** › S. 96, *****Museumsinsel** › S. 77, **Berliner Dom** › S. 77, **Fernsehturm**

› **S. 84**, ***Nikolaiviertel** › **S. 85** und **Märkisches Museum** › **S. 86**. Auch an der ***East Side Gallery** › **S. 140** und **Oberbaumbrücke** › **S. 140** schippert der Ausflugsdampfer gemächlich vorbei. Aber nicht nur die bekannten Sehenswürdigkeiten lassen sich von Deck aus betrachten. Die Bootsfahrt führt vorbei an historischen und modernen Stadtlandschaften, Industriegebieten und grünen Ecken der Metropole, und die Passagiere erhalten so einen hervorragenden Gesamteindruck von der Hauptstadt. Ein besonderes Erlebnis ist die Fahrt auch am Abend. Dabei ist für das leibliche Wohl an Bord ebenfalls gesorgt (nicht im Fahrpreis enthalten).

Tour 4 Die Fahrrad-Mauer-Tour

Tour-Übersicht:

Nordbahnhof › Hamburger Bahnhof › Hauptbahnhof › Reichstag › Brandenburger Tor › Potsdamer Platz › Martin-Gropius-Bau › Topographie des Terrors › Checkpoint Charlie › East Side Gallery › Warschauer Straße

Dauer:

Die Tour hat eine Länge von 14 km, mindestens 3–4 Stunden sollte man einplanen.

Verkehrsmittel:

Fahrrad; virtuelle Tour und nähere Infos im Internet unter www.berlin.de/mauer/mauerweg/index/index.de.php. Zahlreiche Stationen des öffentlichen Nahverkehrs erlauben es, die Tour unterwegs problemlos abzubrechen. In der S- und U-Bahn ist die Fahrradmitnahme gestattet. Für das Fahrrad ist im Berliner Stadtgebiet ein Ermäßigungsfahrschein AB zu erwerben. Fahrradverleih › **S. 21**.

Leider ist in Berlin von der Mauer, den Grenzanlagen und Grenzübergängen nicht mehr all zu viel zu sehen. In den Jahren 2002 bis 2006 wurde der »Berliner Mauerweg« geschaffen. Er kennzeichnet den Verlauf der ehemaligen DDR-Grenzanlagen zu West-Berlin und führt über 160 km um das einstige West-Berlin herum. Der Mauerweg ist ausgeschildert und in 14 Einzelstrecken zwischen 7 km und 21 km Länge unterteilt. In regelmäßigen Abständen helfen aufgestellte Übersichtspläne und Texttafeln bei der Orientierung.

Der Abschnitt vom Nordbahnhof zur Warschauer Straße besteht aus zwei der insgesamt 14 Teilstrecken und führt mitten durch die Innenstadt Berlins, direkt oder in der Nähe zahlreicher Sehenswürdigkeiten vorbei. Aber er führt auch zu versteckten Relikten der Teilung wie dem erhalten gebliebenen Wachturm der DDR-Grenztruppen am Spandauer Schifffahrtskanal.

Das Brandenburger Tor mit seiner Quadriga

Die Tour beginnt am **Nordbahnhof**, auf dessen Gelände noch Mauerreste erhalten sind. Diese sollen in eine Parklandschaft integriert werden sollen, an der ehemaligen Grenze zu West-Berlin. Die Strecke folgt zunächst dem Grenzverlauf an Garten- und Liesenstraße bis zum ehemaligen **Grenzübergang Chausseestraße**. Dort informiert eine Tafel der Geschichtsmeile Berliner Mauer. Der Grenzübergang wurde von Karla Sachse mit dem »Kaninchenfeld« künstlerisch in Szene gesetzt. Durch die Boyenstraße gelangt man an den Spandauer Schifffahrtskanal, der die Grenze zu West-Berlin bildete. hier befindet sich in einem erhaltenen **Wachturm** der DDR-Grenztruppen die Gedenkstätte Günter Litfin.

Weiter geht es zum ehemaligen **Grenzübergang Invalidenstraße,** in dessen Nähe ****Hamburger Bahnhof** › **S. 89** und **Museum für Naturkunde** › **S. 89** einen Halt wert sind. Vorbei an der **Charité** › **S. 89** führt die Fahrt zum neuen Regierungsviertel, wo das **Parlament der Bäume** von Ben Wargin der Opfer der Berliner Mauer gedenkt. **Bundeskanzleramt** › **S. 97**, ****Reichstag** › **S. 96** und das ***Holocaust-Mahnmal** › **S. 67** sind Sehenswürdigkeiten am Wegesrand, bevor das ****Brandenburger Tor** › **S. 66** erreicht wird, von wo aus der Weg zum ****Potsdamer Platz** › **S. 104** führt. Dort gibt es zahlreiche Möglichkeiten, sich für die Weiterfahrt zu stärken.

Vorbei am ***Preußischen Landtag** › **S. 135**, dem Abgeordnetenhaus von Berlin, geht es zum ****Martin-Gropius-Bau** › **S. 135**. An der Emma-Berger-Straße steht hinter Neubauten versteckt ein ehemaliger **Wachturm** der Grenzanlagen. Auf dem Gelände der ***Topographie des Terrors** › **S. 135** sind ca. 200 m Originalmauer erhalten, und der ehemalige Mauerverlauf ist hier an der doppelläufigen Kopfsteinpflasterreihe besonders deutlich zu erkennen. Unweit davon befindet sich der ehemalige ***Checkpoint Charlie** › **S. 135**. Weiter geht es vorbei am **Axel-Springer-Hochhaus** und der **St.-Thomas-Kirche**. Über die Schillingbrücke gelangt man in die Holzmarkt- und Mühlenstraße. Dort befindet sich der längste erhaltene Mauerabschnitt in der Berliner Innenstadt. 1990 haben Künstler aus aller Welt den 1,3 km langen Rest der Grenzmauer mit eindrücklichen Bildern bemalt. Die so genannte ***East Side Gallery** › **S. 140** wurde 2008/2009 saniert; sie steht unter Denkmalschutz. Dennoch ist sie in Teilen duch Erschließungsmaßnahmen an der Spree immer wieder akut gefährdet. In der Nähe steht die neu errichtete Multifunktionsarena **O_2 World** › **S. 141**.

Klima & Reisezeit

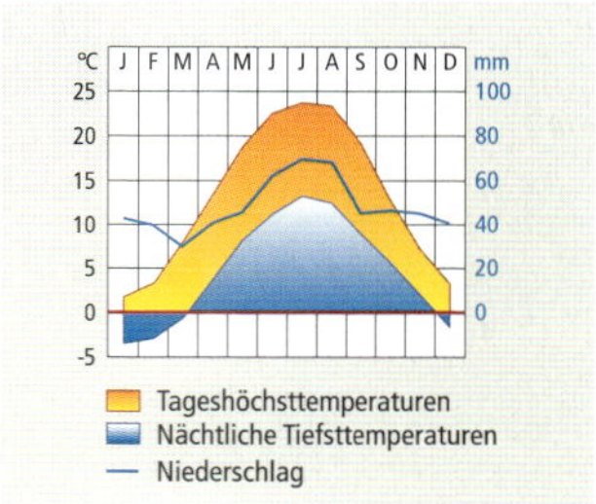

Die Metropole liegt im Übergang von ozeanischem zu kontinentalem Klima – das bedeutet heiße, trockene Tage im Sommer und oft klirrende Kälte im Winter. Der Wind weht meist von Westen. An die 2004 Sonnenstunden waren der Stadt 2011 beschieden, womit sie eine der sonnenreichsten in Deutschland ist. Die durchschnittliche Niederschlagsmenge pro Jahr liegt weit unter der von Lübeck oder Frankfurt (645 mm im Jahr 2011). Während des ganzen Jahres ist es in der Innenstadt min. 2 °C wärmer als in den Außenbezirken, denn die Baumasse speichert die Wärme. Durch den kräftigen Wind entwickelt sich zugleich in den breit angelegten Straßenzügen leicht eine Art Düsenwirkung, die den Fußgänger ungemütlich durchpusten kann. Die ideale Reisezeit sind Mai und Juni sowie von Mitte August bis Oktober.

Anreise

Mit dem Flugzeug

Berlin hat zwei Flughäfen (Auskünfte unter Tel. 018 05 00 01 86 oder www.berlin-airport.de): **Schönefeld** (SXF; Ⓤ 7 Rudow und Bus X 7, 164, 171, 742, Regionalbahn, Ⓢ 9, 45, Expressbus SXF1 ab Südkreuz) und **Tegel** (Buslinien 109, 128, X 9, TXL). Der Eröffnungstermin des neuen Großflughafen **Berlin Brandenburg International (BBI)** in Berlin-Schönefeld steht noch nicht fest.

Mit der Bahn

Die großen Fernbahnhöfe sind der **Hauptbahnhof**, **Südkreuz** (Südverbindungen), **Berlin-Spandau** (Nord/West) und **Gesundbrunnen** (Nord/Ost). Der Bahnhof Zoo ist seit Eröffnung des Hauptbahnhofs Regionalbahnhof. Infos: Deutsche Bahn AG, Tel. 018 05/99 66 33, www.bahnhof.de, www.bahn.de.

Mit dem Bus

Fernbusse verkehren vom **Zentralen Omnibusbahnhof (ZOB)**, Nähe Funkturm (Masurenallee 4-6, Charlottenburg, www.iob-berlin.de, Ⓤ Kaiserdamm, Ⓢ Messe Nord/ICC). Sie verbinden Berlin mit Städten in vielen europäischen Ländern. Fahrplanauskünfte Berlin Linien Bus, Tel. 338 44 80.

SPECIAL

Stadtverführungen

Das hat es seit Jahren nicht mehr gegeben: Zuhauf quälen sich bis auf den letzten Platz besetzte Reisebusse durch die Stadt. Staunende Blicke aus den Fenstern auf das neue Berlin, die Videokamera, die jede Sequenz der Standard-Sightseeing-Tour festhalten soll, im Anschlag. Aber auch für denjenigen, der sich abseits der üblichen Touristenrouten mit der Stadt beschäftigen möchte, gibt es jede Menge Angebote.

Mauerspaziergänge

Auch wer unkonventionelle Wege beschreitet, stellt sich hin und wieder die Frage: Wo war die Mauer? Das beantworten Urgesteine unter den Stadtspaziergängern wie **StattReisen Berlin** mit ihren »Grenzgängen« – Fußmärschen entlang dem ehemaligen Grenzsteifen. Für alle, die es gern bequem haben: Virtuelle Mauerstreifzüge kann man unter www.die-berliner-mauer.de unternehmen.

- **StattReisen Berlin**
  Liebenwalder Str. 35a | Wedding
  Tel. 455 30 28
  www.stattreisenberlin.de

Kulturelle Schleichwege

Seit Jahren nimmt **art:berlin** Stadterkundern die letzten Schwellenängste und spaziert mit ihnen zu unkonventionellen Galerien oder sagt sich bei Künstlern im Atelier an. Und es kommen immer noch neue Streifzüge hinzu: durch Architektur, Mode- und Kunstszene, über Kunstmessen wie art forum berlin, zu Literatur, zu den Botschaften, durchs Regierungsviertel, Hotelbesichtigungen bis hin zu einem kulinarischen Rundgang im Prenzlauer Berg.

- **art:berlin, Elke Melkus**
  Potsdamer Str. 96 | Tiergarten
  Tel. 28 09 63 90
  www.artberlin-online.de

Zu den Wirkungsstätten bekannter Töchter Berlins führen die **Frauentouren** der Historikerin Beate Neubauer (Tel. 27 59 27 09) und der Politikwissenschaftlerin Claudia von Gélieu (Tel. 626 16 51) – auch interessierte Männer sind willkommen (www.frauentouren.de).

Sightseeing und Sport lassen sich verbinden: Ob durch den Schlosspark Charlottenburg, das Regierungsviertel oder entlang der Mauer – bei Sightjogging Berlin (www.sightjogging-berlin.de) wie auch bei Mike's Sight Running (www.mikessightrunning.de) finden Touren im Laufschritt statt.

Berliner Autorenführungen veranstaltet Touren wie »Berlins Hinterhöfe – Zwischen Kleinstadtidyll und Hauptstadtfieber« oder »Mit Theodor Fontane durch das alte Berlin«.

- **Berliner Autoren Führungen**
  Große Hamburger Str. 29 | Mitte
  Tel./Fax 282 58 77
  www.berliner-autoren-fuehrungen.de

Durchs kriminelle Berlin

Tatorte von Gaunern und Gangstern kennen lernen und erfahren, wie Ernst Gennat, der »Buddha der Kriminalisten«, in den 1920er-Jahren die spektakulärsten Mordfälle aufklärte – das bietet die Tatort-Tour »Das kriminelle Berlin – Gauner, Gangster, Galgenvögel« des **Stadtverführungen Kultur Büros.** Dieses gehört zur Riege der themenorientierten Stadt(ver)führer, die weniger Überblick, dafür spannende Einblicke geben und ihre Teilnehmer nicht in einen klimatisierten Bus verfrachten, sondern per pedes, per Rad, mit U- oder S-Bahn durch die Kieze führen (1½- bis 2-stündige Touren ca. 10 €).

- **Stadtverführung Kultur Büro**
  Bietet auch weniger »kriminelle« Stadt- und Museumsführungen, Architektur- und Parkspaziergänge etc. an.
  Malmöer Str. 6 | Prenzlauer Berg
  Tel. 444 09 36
  www.stadtverfuehrung.de

Ganz unten in Berlin

Durch ehemalige Bunker, verborgene Fabriken, alte U-Bahnstationen und Geisterbahnhöfe pirscht der **Verein Berliner Unterwelten** (Tel. 49 91 05 17, Karten: südliche Vorhalle Ⓤ Gesundbrunnen, Brunnenstr. 105, www.berliner-unterwelten.de, Tour »Dunkle Welten« Do–Mo 12, 14, 16 Uhr, April–Okt. Sa und So 10 Uhr).

Unter www.gratis-in-berlin.de gibt es Tipps für kostenlose Events in Berlin.

Einmal selbst Trabi fahren!

»Ostalgisch« im Zweitakter geht es bei den Trabi-Safaris durch Berlin zu, Erläuterungen kommen live per Funk. Ab 30 €/Pers. Zu buchen bei:

- **Trabi-Safaris**
  Tel. 30 20 10 30,
  www.trabi-safari.de

Stadtverkehr

Zum städtischen Nahverkehrsnetz gehören U-Bahn, Omnibus, Metrobus, Straßenbahn und Metro Tram der BVG sowie die S-Bahn. Zwischen Mitternacht und 4 Uhr verkehren Nachtbusse, die mit einem N gekennzeichnet sind. Alle U-Bahnlinien, außer Ⓤ4 und Ⓤ5, fahren am Wochenende auch nachts im 15-Minuten-Takt. Fahrscheine sind im Bus beim Fahrer zu lösen, in der Straßenbahn im ersten Wagen, bei S- und U-Bahn an den Automaten auf den Bahnsteigen. Fahrpläne sind an allen BVG-Schaltern erhältlich. (Berliner Verkehrsbetriebe, BVG-Dienst, Tel. 194 49; Mobilitätsinfos für Behinderte im Internet unter www.bvg.de und www.s-bahn-berlin.de).

Berlin und das Umland sind in 3 Tarifzonen (A, B und C) aufgeteilt. Für alle Fahrten innerhalb des Stadtgebietes reicht das Ticket AB aus. Für den Ausflug nach Potsdam oder zum neuen Flughafen BBI benötigt man ABC (wer schon einen Fahrschein AB hat, kauft ein Ergänzungsticket C).

Das **Kurzstrecken-Ticket** (3 U-Bahn- oder 6 Bus-Stationen ohne Umsteigen) kostet 1,40 €, das **Normal-Ticket** (120 Min. gültig, keine Rückfahrt) Zone AB 2,40 €, die **Tageskarte** AB 6,50 € oder die 4-Fahrten-Karte AB für 8,40 €. Für Familien und Gruppen von 3–5 Personen lohnt sich eine **Kleingruppen-Tageskarte** AB 15,50 €, ABC 16 €. Die **Berlin WelcomeCard** bietet freie Fahrt mit der BVG und 50 % Ermäßigung für rund 200 Sehenswürdigkeiten. Zone AB, pro Person: 48 Std. 18,50 €, 72 Std. 24,50 €, 5 Tage 31,50 €.

Taxis kann man rund um die Uhr bestellen, z.B. Funk Taxi Berlin (Tel. 26 10 26), City Funk (Tel. 21 02 02, auch Großraumtaxi), Würfelfunk Taxi (Tel. 21 01 01). **Taxikurzstrecke** › »Gut zu wissen«, **S. 161**. Mit den **Velotaxis** ist man ohne PS in der Stadt unterwegs. Velotaxis kann man von Ende März bis Oktober wie ein Taxi rufen (Tel. 01 78-800 00 41, www.velotaxi.de).

Fahrradverleih

In Berlin gibt es zahlreiche Fahrradverleiher, unter anderem eine Verleihstation der Deutschen Bahn am Bahnhof Zoo. **Call-Bikes der Bahn** sind im ganzen Stadtgebiet zu finden. Man kann ein freies Fahrrad benutzen und am Ende der Fahrt einfach wieder abstellen oder die Räder auch gleich für mehrere Tage entleihen. Nach einer vorherigen kurzen Registrierung (5 €) unter der Service-Hotline 070 00-522 55 22 oder unter www.callabike-interaktiv.de (Registrierung kostenlos) kann jederzeit per Telefonanruf ein Fahrrad entliehen werden.

Call a Bike kostet im Normal-Tarif 8 Cent pro Minute, höchstens aber 15 € pro Tag (24 Std.). Berechnet (bargeldlose Zahlung) wird immer der Zeitraum zwischen dem Ausleih- und dem Rückgabeanruf. Bei längerer Nutzung gilt jeweils ab 24 Std. wieder der Preis von 8 Cent pro Minute bis zum erneuten Erreichen von 15 €. Der Jahrestarif beträgt maximal 48 €.

Im Prinzip genauso funktioniert das Ausleihsystem bei **Next Bike** (www.nextbike.de), die zahlreiche Ausleihpunkte in Berlin besitzen. Auch hier muss man sich erst bei der Hotline Tel. 69 20 50 46 oder im Internet registrieren. Die Fahrräder müssen wieder an der Ausleihstation zurückgegeben werden. Eine Stunde kostet 2 €, ein Tag kostet ab 9 €.

Stadtrundfahrten & -führungen

Das Angebot ist groß – natürlich sind sie eine gute Gelegenheit, Berlin kennen zu lernen. Auch mit den öffentlichen Buslinien 100 und 200 oder der Tramlinie M1 kann man Berlin erkunden; sie passieren viele Sehenswürdigkeiten und sind billiger › **S. 12**.

Severin + Kühn
Moderne Doppeldecker-Busse
- Kurfürstendamm 216 | Charlottenb.
- Tel. 880 41 90
- www.berlinerstadtrundfahrten.de

Berolina
U.a. »City-Circle« mit 20 Haltepunkten
- Ordensmeisterstr. 36-38 | Tempelhof
- Tel. 88 56 80 30
- www.berolina-berlin.com

fahrradstation
Laden mit -verleih und Stadtführungen
- am Bahnhof Friedrichstr., Eingang Dorotheenstr. 30 | Mitte
- Tel. 28 38 48 48
- www.fahrradstation.com

Berlin on bike
Neben verschiedenen Radtouren gibt es auch eine Kanutour, Treff Fahrraddepot in Kulturbrauerei Hof 4 (Knaackstr. 97).
- Tel. 43 73 99 99
- www.berlinonbike.de

Die folgenden Veranstalter kombinieren Sightseeing mit Jogging:
- www.sightjogging-berlin.de
- www.sjsw-sightjoggingberlin.de

Sta-Tours
Führungen mit Chauffeur oder Fahrrad zu Anwesen, in denen Stars wohnten (u.a. Romy Schneider, Zarah Leander).
- Tel. 30 10 51 51
- www.sta-tours.de

Berliner Wassertaxi
Anlegestellen: Zeughaus, DomAquarée
- Tel. 65 88 02 03 | Fax 65 88 02 04
- www.berlinerwassertaxi.de

Stern und Kreisschiffahrt
Wannsee, Müggelsee und auf Kanälen
- Puschkinallee 15 | Treptow
- Tel. 53 63 60-0
- www.sternundkreis.de

Neu sind die **»Wohnzimmer«-Touren**, die unkonventionelle Stadtführer anbieten. So kann man Berliner zu Hause besuchen, www.opendoorsberlin.de, oder mit anderen Musikfans Kammerkonzerte in Berliner Wohnungen besuchen, www.homeopera.net.

SPECIAL

Mit Kindern in der Stadt

Ist Berlin eine kinderfreundliche Stadt? Da sind sich zumindest die Hauptstadtbewohner nicht unbedingt einig. Tatsache aber ist, dass Berlin auch für Kids in jedem Fall eine Reise wert ist. Und das nicht nur wegen Eisbär Knut. Der hat zwar dem Berliner Zoo neue Besucherrekorde beschert, aber auch ohne den inzwischen längst nicht mehr so niedlichen Eisbären sind **Zoologischer Garten** mit **Aquarium** › **S. 102** (Schöneberg, Budapester Str. 32) und der **Tierpark Friedrichsfelde** (Am Tierpark 125) echte Attraktionen. Tierisches Vergnügen bereitet auch der Besuch des **Aqua-Dom & Sea Life Centers** (Mitte, Spandauer Str. 3) › **S. 76**.

Aber Berlin hat in jeder Beziehung einen hohen Freizeitwert. So laden im Sommer die zahlreichen Seen mit ihren Badestellen und Freibädern wie dem größten Binnenbad Europas, dem **Strandbad Wannsee** (Zehlendorf, Wannseebadweg 25, Ⓢ Nikolassee), zum Schwimmen ein. Freizeitparks wie der **Freizeitpark Lübars** (Reinickendorf, Eingang: Quickborner Straße) mit Jugendfarm, und Freizeitcenter wie das **FEZ Berlin** (Köpenick, An der Wuhlheide 197) bieten zahlreiche Aktivitäten bei jedem Wetter.

Eher etwas für schöne Tage sind ungewöhnliche Spielplätze wie der »Gummispielplatz« mit XL Klettergerüst am Winterfeldtplatz in Schöneberg, der »Drachen-Spielplatz« in der Schreinerstraße in Friedrichshain oder der 7000 qm große, pädagogisch betreute »Natur- und Abenteuer-Spielplatz«, auf dem auch Tiere leben, in Köpenick (Alte Kaulsdorfer Str. 18).

Kultur für Kinder

Kulturell ist das Angebot für Kinder wohl so groß wie in kaum einer anderen europäischen Stadt. Das Angebot reicht von Museen wie dem **Labyrinth Kindermuseum** Berlin (Wedding, Osloer Str. 12), dem **Deutschen Technikmuseum Berlin** › S. 134 (Kreuzberg, Trebbiner Str. 9), dem **Museum für Naturkunde** › S. 89 mit seinem Dinosaurierskelett (Mitte, Invalidenstraße 43) über Kindertheater wie das Musiktheater **Atze** (Wedding, Luxemburger Str. 20) oder das **Grips Theater** › S. 101 (Tiergarten, Altonaer Str. 22) bis hin zum Kinderzirkus der **ufa-Fabrik** (Tempelhof, Viktoriastraße 10–18) mit seiner Kinderzirkusschule.

Sportliche Aktivitäten

Doch auch sportlich können sich Kids in Berlin mühelos betätigen, etwa beim Klettern an den Kletterwänden von **Magic Mountain** (Wedding, Böttgerstr. 20, www.magicmountain.de) oder in der **T-Hall Berlin** (Neukölln, Thiemannstr. 1, Tor 4, 2. Hof, www.diekletterhalle.de).

Stadtführungen für Kinder und Eltern

- **Berlin mit Kindern Sabine Hansen**
  Hertzbergstraße 13 | Charlottenburg
  Tel. 33 02 98 70
  www.berlin-mit-kindern.de
- Eine spannende Stadtführung für Kids ist »Emils neue Detektive« von **StattReisen Berlin.**
  Liebenwalder Str. 35 | Wedding
  Tel. 455 30 28
  www.stattreisenberlin.de

Nützliche Adressen

Veranstaltungshinweise für Eltern und Kinder stehen in den Stadtmagazinen **tip** und **zitty.** Und möchten Eltern Berlin einmal ohne die lieben Kleinen erleben, kein Problem, der **Babysitter-Express** hilft rund um die Uhr. Beschäftigt werden nur Babysitter mit langjährigen pädagogischen Erfahrungen.

- **Babysitter-Express**
  Prenzlauer Berg | Marienburger Str. 2
  Tel. 40 00 34 00 | 01 60/97 22 06 65
  www.babysitter-express.de

Das Nilpferd-Areal im Zoologischen Garten

Unterkunft

Berlin bietet seinen Gästen ein umfangreiches Angebot an Unterkünften für jeden Geldbeutel und Geschmack – vom Schlosshotel bis zum Zeltplatz. Rund 130 000 Betten gibt es derzeit in den Beherbergungsbetrieben der Hauptstadt, und der Hotelbauboom hält nach wie vor an.

Behilflich bei der Zimmersuche sind die Berlin Tourismus Marketing GmbH (› **S. 161**, hier ist das aktuelle Hotelverzeichnis erhältlich) sowie NetHotels Berlin (24-Std.-Buchungs-Hotline Tel. 00 80-11 20 11 40 oder www.berlin.nethotels.com).

Verwöhn-Hotels

Brandenburger Hof Relais & Châteaux ●●●
Stadtpalast der Zeit um 1900 in bester Citylage und trotzdem ruhig. Alle Zimmer im Bauhausdesign, Pianobar. Der schöne Wintergarten stellt eine Symbiose aus italienischem Klosterhof und japanischem Garten dar. Vollendet wird der Genuss im hoteleigenen Gourmet-Restaurant Quadriga.

- Eislebener Str. 14 | Wilmersdorf
- Tel. 214 05-0 | Fax 214 05-1 00
- www.brandenburger-hof.com

Swissôtel Berlin ●●●
Hypermodernes Fünf-Sterne-Luxushotel in einer Seitenstraße vom Ku'damm, genau gegenüber dem Kranzler-Eck.

- Augsburger Str. 44 | Charlottenburg
- Tel. 22 01 00 | Fax 220 10 22 22
- www.swissotel-berlin.com

Schlosshotel Im Grunewald ●●●
Luxushotel in einem Palais im Grunewald, exklusiv von Karl Lager-feld eingerichtet; großes Wellnessangebot mit Spa und Kosmetikinstitut.

- Brahmsstr. 10 | Grunewald
- Tel. 895 84-0 | Fax 895 84-8 00
- www.schlosshotelberlin.com

Design-Hotels

The Mandala ●●–●●●
Das toll gestylte Design-Hotel gegenüber dem Sony-Center gefällt mit 166 Suiten von modern-schlichter Eleganz. Erstklassig sind das Sterne-Restaurant Facil › **S. 28** und die Lounge Qiu.

- Potsdamer Str. 3 | Tiergarten
- Tel. 590 05-00 00
- www.themandala.de

The Dude ●●–●●●
Individuelles, vom ehemaligen Medienmanager Alexander Schmidt-Vogel sehr persönlich geführtes Boutique-Hotel. Komfortable, große Zimmer und mit dem Brooklyn Beef Club ein Top-Restaurant (Mo–Sa 18–24 Uhr).

- Köpenicker Str. 92 | Mitte
- Tel. 411 98 81 77
- www.thedudeberlin.com

Ku'Damm 101 ●●

- Superschickes Boutique-Hotel mit modernster Kommunikationstechnik auf allen 170 Zimmern. Puristische Inneneinrichtung, Farbgestaltung nach Le Corbusier. Frühstücksbar im 7. Stock.
- Kurfürstendamm 110 | Wilmersdorf
- Tel. 52 00 55-0 | Fax 510 05 55 55
- www.kudamm101.de

In der Ost-City

Ritz-Carlton ●●●
Luxushotel mit 320 Zimmern und Suiten im Beisheim-Center am Potsdamer Platz, im Stil US-amerikanischer Art-Déco-Hochhäuser.
- Potsdamer Platz 3 | Tiergarten
- Tel. 33 77 77 | Fax 337 77 55 55
- www.ritzcarlton.de

monbijou hotel ●●
Neues, charmantes Boutique-Hotel mit 101 Zimmer und Suiten direkt am Hackeschen Markt.
- Monbijouplatz 1 | Mitte
- Tel. 61 62 03 00
- www.monbijouhotel.com

Casa Camper ●●
Geschmackvolles Boutique-Hotel mit 51 kreativ eingerichteten Zimmern und Suiten des spanischen Schuh-Labels Camper. Toll: die Dachterrasse und das Restaurant Dos Palillos.
- Weinmeisterstr. 1 | Mitte
- Tel. 20 00 34 10
- www.casacamper.com

Ackselhaus ●–●●
Charmantes Hotel, Apartments im Altbau. Schöner Garten.
- Belforter Str. 21 | Prenzlauer Berg
- Tel. 44 33 76 33 | Fax 441 61 16
- www.ackselhaus.de

In der West-City

Intercontinental ●●●
Nach Verschönerungen wieder mit an der Spitze in Berlin, ebenso wie das Restaurant Hugos (mit herrlicher Aussicht).
- Budapester Str. 2 | Tiergarten
- Tel. 26 02-0 | Fax 26 02-26 00
- www.berlin.intercontinental.com

Außergewöhnliche Hotels

Erst-! klassig

- **Grand Hyatt ●●●**
  Schickes Design, mit Metropolen-Flair am Potsdamer Platz.
  Marlene-Dietrich-Pl. 2 | Tiergarten
  Tel. 25 53 12 34 | Fax 25 53 12 35
  www.berlin.grand.hyatt.com
- **Das Stue ●●●**
  Berlins neuestes 5-Sterne-Design-Hotel in der ehemaligen dänischen Gesandtschaft direkt am Zoologischen Garten. Interieur der Designerin Patricia Urquiola und erlesene Küche des Sternekochs Paco Perez.
- Drakestr. 1 | Tiergarten
  Tel. 31 17 22-0 | www,das-stue.com
- **Waldorf Astoria ●●●**
  Das Hotel will in puncto Luxus und Service neue Maßstäbe setzen. Ein Highlight ist das Restaurant Les Solistes unter Leitung von 3-Sterne-Koch Pierre Gagnaire.
  Hardenbergstr. 28 | Charlottenburg
  Tel. 81 40 00-0
  www.waldorfastoriaberlin.com
- **Ellington ●●**
  Modernes Hotel der Kategorie 3-Sterne-Plus in einer Seitenstraße vom Tauentzien, angegliedert ist das Restaurant Duke mit Innenhof.
  Nürnberger Str. 50-55 | Tiergarten
  Tel. 68 31-50
  www.ellington-hotel.de
- **Hotel de Rome ●●●**
  Luxushotel von Rocco Forte in der ehemaligen Zentrale der Dresdner Bank am Bebelplatz direkt neben der Staatsoper. Traumhaftes Spa.
  Behrenstr. 37 | Mitte
  Tel. 460 60 90
  www.hotelderome.com

Propeller Island City Lodge

Palace ●●●
Ausgezeichnetes Fünf-Sterne-Hotel mit eleganten, individuell gestalteten Zimmern. Im Haus das Sternerestaurant First Floor.
- Budapester Str. 45 | Charlottenburg
- Tel. 250 20
- www.palace.de

H10 ●●
Komfort-Haus in bester Ku'Damm-Lage, das neben geschmackvoll-modernen Zimmern auch großzügig geschnittene Apartments anbietet.
- Joachimstaler Str. 31-32
- Charlottenburg
- Tel. 322 92 23 00
- www.hotelh10berlinkudamm.com

SEITENBLICK

Gegend rund um den Anhalter Bahnhof

Die Gegend rund um den Anhalter Bahnhof entwickelt sich immer mehr zu Berlins neuem Hotelviertel. Nach Mövenpick hat in der Anhalter Straße die Accor-Gruppe nebeneinander drei erschwingliche Hotels eröffnet: Suite Novotel, ibis, ibis Budget. Im Frühjahr 2013 wurde das schöne Wyndham Grand, www.wyndhamgrandberlin.com, eröffnet.

Pestana ●●
Neues 4-Sterne-Hotel einer portugiesischen Hotelkette in flottem Design und grüner Tiergarten-Lage.
- Stüerstr. 6 | Tiergarten
- Tel. 311 75 90 00
- www.pestana.com

Motel One Berlin ●–●●
Moderne, ansprechend eingerichtete Zimmer gegenüber vom Hauptbahnhof. 7 weitere Standorte: u.a. Bellevue, Ku'damm und Mitte.
- Invalidenstraße 54 | Tiergarten
- Tel. 36 41 00 50
- www.motel-one.com

Besonders berlinerisch

Myers Hotel ●●
Schnuckelige, familiäre Herberge in altem sanierten Berliner Mietshaus.
- Metzer Str. 26 | Prenzlauer Berg
- Tel. 44 01 40
- Fax 44 01 41 04
- www.myershotel.com

Propeller Island City Lodge ●
Altbau in ruhiger Seitenstraße des Kurfürstendamms; 30 Themenzimmer von der »freundlichen Gefängniszelle« bis zum »Schloss- und Burgenzimmer«; oft Gemeinschaftsbäder.

Erst-! klassig

- Albrecht-Achilles-Str. 58
- Wilmersdorf
- Tel. 891 90 16
- www.propeller-island.de

Im Grünen

Landhaus Alpinia ●●

Persönlich geführtes Landhaushotel, Bar und Restaurant.

- Säntisstr. 32-34 | Mariendorf
- Tel. 76 17 70 | Fax 741 98 35
- www.alpinia-berlin.de

centrovital Hotel ●●

Angenehmes, modernes 158-Zimmer-Hotel am Spandauer See mit Anschluss an großen Sportclub samt Spa.

- Neuendorfer Str. 25 | Spandau
- Tel. 818 75-0 | Fax 818 75-119
- www.centrovital-berlin.de

Preiswerte Unterkünfte

Hotel-Café Hüttenpalast ●–●●

Die wahrscheinlich originellsten Schlafstätten der Stadt: Sechs ausrangierte Wohnwagen und Hütten wurden von Künstlern individuell zu Retro-Schafstätten umgebaut.

- Hobrechtstr. 66 | Neukölln
- Tel. 37 30 58 06
- www.huettenpalast.de

baxpax Mitte Hostel ●

Billige Betten in Zimmern mit Themen, für Backpacker aus aller Welt, in zentraler Lage. Zwei Filialen in Kreuzberg und hinter dem Friedrichstadtpalast.

- Chausseestr. 102 | Mitte
- Tel. 28 39 09 65
- www.baxpax.de

berlincity ●

Sowohl im Design als auch in der Ausstattung schönes Jugendhotel mit 2- bis 6-Bettzimmern mit Bad und TV.

- Crellestraße 22 | Schöneberg
- Tel. 78 70 21 30 | Fax 78 70 21 32
- www.jugendhotel-berlin.de

Berliner Bed & Breakfast ●

Kleine Pension mit sechs individuell eingerichteten Zimmern mit Waschbecken (Gemeinschaftsbad).

- Langenscheidtstr. 5a | Schöneberg
- Tel. 24 37 39 62
- www.berliner-bed-and-breakfast.de

Bogota ●

Zimmer mit und ohne Dusche/WC in absoluter City-Bestlage. Freundliches, vielsprachiges Personal.

- Schlüterstr. 45 | Charlottenburg
- Tel. 881 50 01
- www.bogota.de

EastSeven ●

Nettes 60-Betten-Hostel in einem sanierten Altbau mit Hinterhof-Garten und einer großen Selbstversorgerküche.

SEITENBLICK

Mitwohnzentralen

Wer lieber privat wohnen möchte oder vorhat, länger zu bleiben, kann sich Zimmer oder auch ganze Wohnungen über folgende Agenturen vermitteln lassen:

- **bed&breakfast Berlin**
  Kontakt: Markusstr. 9
  20355 Hamburg
  Tel. 0 40-491 56 66
  www.bed-and-breakfast.de
- **fine + mine**
  Prenzlauer Allee 52 | Prenzl. Berg
  Tel. 235 51 20 | Fax 23 55 12 99
  www.fineandmine.de
- **Zeitraum Wohnkonzept**
  Immanuelkirchstr. 8 | Prenzl. Berg
  Tel. 441 66 22 | Fax 441 66 23
  www.zeit-raum.de

- Schwedter Str. 7 | Prenzlauer Berg
- Tel. 93 62 22 40 | Fax 93 62 22 39
- www.eastseven.de

Eastern Comfort ●

An der Oberbaumbrücke liegt das schmucke Hostelboot vor Anker, auf dem man sowohl komfortabel in Doppelkabinen übernachten als auch mit Schlafsack auf dem Oberdeck schlafen kann.

- Mühlenstr. 73 | Friedrichshain
- Tel. 66 76 38-06 | Fax 66 76 38-05
- www.eastern-comfort.com

Die Fabrik ●

Auswahl vom netten Doppelzimmer bis zum Schlafsaal mit Etagenduschen und -WCs.

- Schlesische Str. 18 | Kreuzberg
- Tel. 611 71 16 | Fax 618 29 74
- www.diefabrik.com

Jugendherbergen

Es gibt mehrere Jugendherbergen und -gästehäuser in der City und im Grünen.

Deutsches Jugendherbergswerk Service-Center

- Tel. 264 95 20 | Fax 26 49 52 10
- www.djh-berlin-brandenburg.de

Campingplätze

Deutscher Camping-Club e. V.

Gibt Infos über weitere Campingplätze.

- Kladower Damm 207-213 | Gatow
- Tel. 218 60 71 | Fax 213 44 16
- www.dccberlin.de

Essen & Trinken

Die Attraktivität Berlins liegt nicht zuletzt in dem schier unübersehbaren Angebot an Kneipen, Cafés und Restaurants der unterschiedlichsten Provenienzen. Über 15 000 gastronomische Einrichtungen laden täglich zu einem Fest der Gaumenfreuden – damit liegt die Metropole bundesweit mit großem Vorsprung auf Platz eins.

Die Fluktuation ist groß, es wird experimentiert, Lokale machen hier zu, eröffnen andernorts neu. Es ist schwer, den Überblick zu behalten. Das Zentrum der kulinarischen Erlebnisse, was die Qualität der Küche und die Vielfalt an Restaurants angeht, hat sich teilweise nach Berlin-Mitte verlagert, schwappt aber auch wieder in den alten Westen. Auch Charlottenburg, Schöneberg, Wilmersdorf, Prenzlauer Berg und Kreuzberg halten viele Überraschungen bereit.

Spitzengastronomie

Facil ●●●

Kreative Gourmetküche mit Michelinstern, auf das Wesentliche reduziert.

- im Mandala Hotel
- Potsdamer Str. 3 | Tiergarten
- Tel. 590 05 12 34
- Mo–Fr 12–15, 19–23 Uhr

First Floor ●●●

Französisch inspirierte, Stern gekrönte Spitzenküche.

Kolja Kleeberg vor seinem Restaurant Vau

- im Hotel Palace
- Budapester Str. 45 | Tiergarten
- Tel. 25 02 10 20
- Di–Sa 18.30–23 Uhr

Hugos ●●●
Das Sternerestaurant mit der schönsten Aussicht über Berlin.
- im InterContinental
- Budapester Str. 2 | Tiergarten
- Tel. 260 20
- Di–Sa 18.30–22.30 Uhr

Vau ●●●
Edle Küche der feinsten Art, ausgezeichnet mit einem Michelinstern.
- Jägerstr. 54–55 | Mitte
- Tel. 202 97 30
- Mo–Sa 12–14.30, 19–22.30 Uhr

Frühsammers ●●–●●●
Edle Küche im Tennisclub. Sonja Frühsammer ist die neue Aufsteigerin in der Berliner Kochszene.
- Flinsberger Platz 8 | Grunewald
- Tel. 89 73 86 28
- Di+Fr 12–14, Di–Sa ab 19 Uhr

Tradition und Nouvelle Cuisine

Grill Royal ●●●
Den Grill Rooms klassischer Grandhotels nachempfundenes Steakhouse mit feinster Qualität. Sehr hohe Promidichte.
- Friedrichstr. 105b | Mitte
- Tel. 28 87 92 88
- tgl. ab 18 Uhr

The Grand ●●●
Szenige Location mit Restaurant, Bar und Club hinter restaurierten alten Mauern. Bestes Fleisch vom 800 °C heißen South Bend-Grill.
- Hirtenstr. 4 | Mitte
- Tel. 27 89 09 95 55
- www.the-grand-berlin.com
- Mo–Fr ab 12, Sa/So ab 18 Uhr

Bieberbau ●●–●●●
Schmuckes Szenelokal, in dem eine hochgelobte kreative Küche serviert wird.
- Durlacher Str. 15 | Wilmersdorf
- Tel. 853 23 90
- Di–Sa 18–24 Uhr

Erst-! klassig

Top-Restaurants

- **Fischers Fritz ●●●**
  Stefan Lohse wurde 2007 vom Michelin mit zwei Sternen bedacht.
  im Regent Hotel
  Charlottenstr. 49 | Mitte
  Tel. 20 33 63 63
  tgl. 12–14, 18.30–22.30 Uhr
- **Tim Raue ●●●**
  Berlins kreativster Sternekoch hat ein eigenes Restaurant eröffnet.
  Rudi-Dutschke-Str. 26 | Kreuzberg
  Tel. 259 3 79 30
  Di–Sa 12–14, 19–24 Uhr
- **Margaux ●●●**
  Spitzenküche mit Michelinstern.
  Unter den Linden 78
  Eingang Wilhelmstr. | Mitte
  Tel. 22 65 26 11
  Di–Sa ab 19 Uhr
- **Hartmanns Restaurant ●●●**
  Stefan Hartmanns katapultiert sich mit seiner kreativen Küche immer weiter an die Berliner Spitze.
  Fichtestr. 31 | Kreuzberg
  Tel. 61 20 10 03
  Di–Sa 18–24 Uhr
- **Reinstoff ●●●**
  Daniel Achilles ist der Shootingstar unter Berlins Köchen und hat bereits zwei Michelin-Sterne erkocht.
  Edison Höfe | Schlegelstr. 26c | Mitte
  Tel. 30 88 12 14
  Di–Sa ab 19 Uhr
- **Weinbar Rutz ●●●**
  Marco Müllers Kreativküche begleitet Sommelier Billy Wagner mit Top-Weinen perfekt.
  Chausseestr. 8 | Mitte
  Tel. 24 62 87 60
  Di–Sa Bar ab 16, Rest. ab 18.30 Uhr

Pauly Saal ●●–●●●

Top-Gastronomie in den stilvoll restaurierten Räumen der ehemaligen Jüdischen Mädchenschule.

- Auguststraße 11-13 | Mitte
- Tel. 33 00 60 70
- paulysaal.com
- Mo–Sa 12–15 und 18–3 Uhr

Volt ●●–●●●

Zeitgemäße Küche, die viel Wert auf regionale Produkte legt im eindrucksvollen historischen Industrieambiente.

- Paul-Linke-Ufer 21 | Kreuzberg
- Tel. 61 07 40 33
- Mo–Sa 18–24 Uhr

Brenner ●●

In Anton Stefanovs gemütlicher Speisestube wird eine moderne, frische Küche mit Spitzenweinen kombiniert.

- Regensburger Str. 7 | Schöneberg
- Tel. 23 62 44 70
- Di–Sa ab 18 Uhr

Filetstück ●●

Wie im Brooklyn Beef Club › **S. 24** steht auch hier Fleisch bester Qualität im Mittelpunkt.

- Uhlandstr. 156 | Tel. 54 46 96 40
- Mo–Do, Sa 12–15, 18–23 Uhr, Fr 18–23 Uhr

KaterHolzig ●●

Multikulturelle Szene-Location mit vielseitigem Programm und Restaurant.

- Michaelkirchstr. 23 | Mitte
- Tel. 51 05 21 34
- Di–Sa ab 19 Uhr (Restaurant)

Renger-Patzsch ●●

Im legendären ehemaligen »Storch« gibt es nach wie vor die besten Flammkuchen der Stadt, moderne elsässische Küche sowie ein angenehmes Gasthaus-Ambiente.

- Wartburgstr. 54 | Schöneberg
- Tel. 784 20 59
- tgl. ab 18 Uhr

Sauvage ●●

Nichts für Vegetarier. Die paleolithische Bio-Küche – Essen wie unsere Vorfahren – basiert vor allem auf Fleisch.

- Pflügerstr. 25 | Neukölln
- Tel. 53 16 75 47
- Di–So 18–24 Uhr

Stadt Land Fluss ●●

- Städtische und ländliche Gerichte mit deutschen Produkten im schick szenigem Ambiente.
- Pappelallee 65 | Prenzlauer Berg
- Tel. 40 57 47 36
- Tgl. ab 18, Sa/So ab 10 Uhr

Asiatisch

Dudu ●●

Zeitgenössisch designtes vietnamesisches Restaurant, gekocht wird mit frischen Bio-Produkten.

- Torstr. 134 | Mitte
- Tel. 51 73 68 54
- Mo–Fr 12–24, Sa/So 14–24 Uhr

Kuchi ●●

Erst-! klassig

Sushi und mehr in schönem, kitschfreien Ambiente.

- Gipsstr. 3 | Mitte
- Tel. 28 38 66 22
- Mo–Sa 12–24, So 18–24 Uhr

Long March Canteen ●

Szenerestaurant, das die chinesische Küche wunderbar modern interpretiert. Und weil es so viel zu probieren gibt: verschiedene Gerichte bestellen und teilen.

- Wrangelstr. 20 | Kreuzberg
- Tel. 01 78 884 95 99
- tgl. 18–24 Ujr

Pan Asia ●●

Gelungener asiatischer Garküchenmix, serviert in gestyltem Hinterhof-Ambiente der Hackeschen Höfe.

- Rosenthaler Str. 38 | Mitte
- Tel. 27 90 88 11
- So–Do 12–24, Fr, Sa 12–1 Uhr

Papaya ●–●●

Nettes kleines Thai-Restaurant mit angenehmer Atmosphäre und äußerst guten Gerichten (mehrere Filialen).

- Krossenerstr. 11 | Friedrichshain
- Tel. 297 712 31
- Filiale: Winterfeldtstr. 42 | Schöneberg
- Tel. 61 29 00 12
- tgl. 12–24 Uhr

SEITENBLICK

Das Hotel Adlon

Ein kulinarisches Schlaraffenland bieten das **Hotel Adlon** am Pariser Platz und das rückseitige Adlon-Palais in der Behrenstraße mit vier Top-Restaurants: Sternerestaurant **Lorenz Adlon Esszimmer** (Tel. 22 61 19 60), dem Restaurant **Quarré** (Tel. 22 61 19 59), dem neu eröffneten **Sra Bua** im ehemaligen »Ma«, für das Tim Raue das panasiatisch inspirierte kulinarische Konzept entwickelt hat (Tel. 22 61 15 90) sowie dem **Le Petit Felix** (Tel. 20 62 86 10) und der **Lorenz Adlon Weinhandlung** (Tel. 301 11 72 50).

Côcô ●
Hübscher Deli mit großartigen bánh mì – vietnamesichen Baguettes nach Familienrezepten.
- Rosenthaler Str. 2 | Mitte
- Tel. 24 63 05 95
- Mo–Do 11–22, Fr/Sa 11–24, So 12–22 Uhr

Berliner Küche

Knese ●●
Berliner Speiselokal nur ein paar Schritte vom Kurfürstendamm. Deftige Berliner Küche im Alt-Berliner Flair.
- Knesebeckstr. 63 | Charlottenburg
- Tel. 884 13-0tgl. 11–1 Uhr

Altes Zollhaus ●●
Herbert Beltle hat Berliner Klassiker wiederentdeckt und interpretiert sie in seinem charmanten Gasthaus fein und modern.
- Carl-Herz-Ufer 30 | Kreuzberg
- Tel. 692 33 00
- Di–Sa ab 18 Uhr

Mutter Hoppe ●–●●
Erst-! klassig
Berliner Küche mitten im Nikolaiviertel. Am Wochenende Live-Musik.
- Rathausstr. 21 | Mitte
- Tel. 241 56 25tgl. ab 11.30 Uhr

Sophieneck ●–●●
Beliebte Schank- und Speisewirtschaft, in der Gemütlichkeit und frische regionale Küche groß geschrieben werden.
- Große Hamburger Str. 37 | Mitte
- Tel. 283 40 65
- Tgl. ab 12 Uhr

Joseph-Roth-Diele ●
Stullen, das Berliner Wort für belegte Brote, gibt es nirgends besser als in der beliebten Künstlerkneipe und Gaststube.
- Potsdamer Str. 75 | Tiergarten
- Tel. 26 36 98 84
- Mo–Fr 10–24 Uhr

Französisch

Le Cochon Bourgeois ●●
Zu Recht das meistgelobte französische Restaurant der Stadt. Sehr leckeres Essen, gute Weine, super Service – was will man mehr.
- Fichtestr. 24 | Kreuzberg
- Tel. 693 01 01
- Di–Sa ab 18 Uhr

SEITENBLICK

Guten Appetit!

Ja, es gibt sie noch, die traditionelle Alt-Berliner Küche, doch weiß keiner so recht, was das sein soll … etwa Eisbein, Kalbsleber, Erbsenpüree oder Bulette? Interessanter als mit seiner traditionellen Küche zeigt sich Berlin bei neueren gastronomischen Trends, da liegt es sogar ganz weit vorn: Wo trat der Döner seinen Siegeszug an? In Berlin! Wo gibt es die meisten Sushi-Bars, Falafel-Imbisse, Suppen-Läden? Letztere findet man vielerorts, gute Adressen sind z.B. **Soupkultur** (Kurfürstendamm 224), **cadadia** (Charlottenb., Marburger Str. 12), **Suppenbörse** (Mitte, Dorotheenstr. 43), **Suppeto** (Mitte, Krausnickstr. 11), **Suppen Cult** (Prenzl. Berg, Prenzlauer Allee 42), **Hot Pot Soup** (Kreuzb., Friesenstr. 6), **Suppdichsatt** (Schöneb., Akazienstr. 20) und **Hot-Dog-Soup** (Friedrichsh., Grünberger Str. 69).

Chez Maurice ●–●●
Bodenständiger, einfacher Franzose mit Gerichten ohne jeden Schnickschnack; angeschlossen sind Weinhandlung und Feinkostladen.
▪ Bötzowstr. 39 | Prenzlauer Berg
▪ Tel. 425 05 06
▪ tgl. ab 18 Uhr, Mittagstisch: Di–Sa 12–15.30 Uhr

La Cocotte ●–●●
Erst-klassig
Wunderbarer Szene-Franzose, dessen Spezialität Gerichte in der Cocotte, zu deutsch Schmortopf, sind.
▪ Vorbergstr. 10 | Schöneberg
▪ Tel. 78 95 76 58
▪ tgl. 18–1 Uhr

Italienisch

Grünfisch ●●–●●●
Hier erlebt man eine erstklassige Begegnung der italienischen, sizilianischen und asiatischen Küche, dazu wunderbare Weine aus Sizilien.
▪ Graefestr. 26a | Kreuzberg
▪ Tel. 61 62 12 52
▪ Mo–Sa 18–24 Uhr

Lavanderia Vecchia ●●
Die wohl ungewöhnlichste Trattoria: In einer ehemaligen Wäscherei sitzt man unter Wäscheleinen. In der offenen Küche wird ein wunderbares, mehrgängiges italienisches Menü gekocht.
▪ Flughafenstr. 46 | Neukölln
▪ Tel. 62 72 21 52
▪ Di–Sa 19.30 Uhr, nur mit Reservierung

Österreichisch

Ottenthal ●●
Zu den über 200 österreichischen Weinen serviert man leckeres Schnitzel, Gulasch und andere Klassiker.

Im Alten Zollhaus am Carl-Herz-Ufer

▪ Kantstr. 153 | Charlottenburg
▪ Tel. 313 31 62
▪ tgl. 17–1 Uhr

Alpenstueck ●●
▪ Wunderbare alpenländische Küche in kitschfreiem Ambiente. Stattdessen setzt das Szenelokal auf Purismus in grau und weiß.
▪ Gartenstr. 9 | Mitte
▪ Tel. 21 75 16 46
▪ tgl. ab 18 Uhr

Türkisch

Hasir ●●
Schönes Restaurant am Hackeschen Markt. Populär vor allem durch seine hervorragenden Vorspeisen und Grillgerichte.
▪ Oranienburger Str. 4 | Mitte
▪ Tel. 28 04 16 16
▪ tgl. 12–1 Uhr

Honça ●
Der Edel-Türke zeigt, dass anatolische Küche auch sehr gut zeitgemäß sein kann.
▪ Ludwigkirchplatz 12, Wilmersdorf
▪ Tel. 95 59 94 34
▪ Di–Fr 17–23, Sa+So 13–23 Uhr

Gemütliche Rast im Pratergarten am Prenzlauer Berg

Cafés

Café im Literaturhaus ●●

Erst-! klassig

Kaffee trinken im Garten der Gründerzeitvilla, einer Oase der Ruhe mitten im Zentrum. Buchhandlung angeschlossen.

- Fasanenstr. 23 | Wilmersdorf
- Tel. 882 54 14
- tgl. 9–24 Uhr

Café Einstein ●●

Wiener-Kaffeehaus-Ambiente in einer alten Jugendstilvilla mit gepflegter österreichischer Küche und Sommergarten.

- Kurfürstenstr. 58 | Tiergarten
- Tel. 26 39 19 18
- tgl. 8–1 Uhr

Das Kaffeehaus ●●

Sarah Wieners Café im Museum für Kommunikation. Österreichische Kaffeespezialitäten und Schmankerl.

- Leipziger Str. 16 | Mitte
- Tel. 20 07 65 60
- Di 11–20, Mi–Fr 10–17, Sa/So 10–18 Uhr

Berliner Kaffeerösterei ●

Kaffeerösterei und Café in einem. Rund 80 Kaffeesorten sind im Angebot.

- Uhlandstr. 173–174 | Wilmersdorf
- Tel. 88 67 79 20
- Mo–Do 9–20, Fr/Sa 9–22, So 10–19 Uhr

Ausflugslokale und Biergärten

Café am Neuen See ●

Mitten im Stadtzentrum und mitten im Grünen kann man hier einfach mal die Stadt vergessen. Im Sommer tobt der Bär an den Biertischen. Biergarten-Atmosphäre. Imbiss und kleine Speisekarte. Bootsverleih nebenan.

- Lichtensteinallee 2 | Tiergarten
- Tel. 254 49 30
- Tgl. ab 9 Uhr

Klipper ●●

Auf dem tollen Klipper, der am Treptower Park seinen letzten Hafen gefunden hat, stimmt nicht nur die maritime Stimmung, sondern auch die frische Fischküche. Aber auch nur für ein kühles Getränk sitzt es sich gut an Deck oder auf der großen angebauten Holzterrasse, auch im Winter geöffnet.

Erst-! klassig

- Segelschiff am Plänterwald
- Bulgarische Straße | Treptow
- Tel. 53 21 64 90
- tgl. 10–1 Uhr

Prater ●

Einer der wenigen schönen großen Biergärten der Stadt und ein traditionsreicher Veranstaltungsort.

- Kastanienallee 7–9 | Prenzlauer Berg
- Tel. 448 56 88
- Mo–Sa ab 18, So ab 12 Uhr bei schönem Wetter tgl. 12–24 Uhr

Shopping

Berlin ist ein wahres Einkaufsparadies. Von luxuriösen Klamotten bis zu skurrilen Merkwürdigkeiten kann man hier alles nur Erdenkliche erstehen. Die verlängerten Ladenschlusszeiten werden in den Einkaufszentren und rund um die touristischen Schwerpunkte Berlins voll ausgeschöpft. Bis 20 Uhr haben Kaufhäuser, Einkaufszentren, viele Supermärkte und Einzelhandelsgeschäfte geöffnet. Große Kaufhäuser haben an manchen Tagen auch bis 22 Uhr geöffnet. Inzwischen gibt es sogar einige Supermärkte, die erst spätabends schließen und einige wenige, die fast rund um die Uhr geöffnet sind.

Während Bäckereien und Zeitungsläden bereits ab 6 Uhr ihre Dienste anbieten, öffnen die meisten anderen Geschäfte erst zwischen 9 und 10 Uhr, privat geführte Geschäfte oft erst um 11 oder 12 Uhr. In den ruhigeren Wohngegenden ist meist gegen 18 Uhr Feierabend. Samstags ist allgemein zwischen 9 und 16 bis 18 Uhr, oft auch bis 20 Uhr Einkaufszeit. Zu Terminen wie Messen, Volksfesten und Sportveranstaltungen sind viele Geschäfte auch sonntags geöffnet.

Neben den Einkaufsmeilen **Kurfürstendamm** und **Tauentzien** mit dem **Kaufhaus des Westens** (KaDeWe) › **S. 116** als Hauptattraktion, aber auch interessanten Geschäften in den Nebenstraßen der Hauptverkehrsadern, hat sich die **Friedrichstraße** mit exklusiven Geschäften im Quartier 206 › **S. 72** zur Shoppingmeile entwickelt. Hier findet man die internationalen Designernamen genauso oft wie am oberen Ku'damm (beim Olivaer Platz).

Daneben sind in der Innenstadt und in vielen Randbezirken populäre Shoppingcenter entstanden wie die **Potsdamer Platz Arkaden** › **S. 104** mit einer Vielzahl an Geschäften unter einem Dach, inklusive Cafés, Restaurants, Kinos etc.

Am Alexanderplatz wurde mit **Alexa** › **S. 84** eine weitere große Shoppingmall eröffnet; ihre 180 Geschäfte schließen erst um 22 Uhr.

Kleiner und schön zum Einkaufen und Bummeln sind die **Hackeschen Höfe** und Umgebung (Mitte › **S. 92**), die **Bergmannstraße** (Kreuzberg › **S. 133**), die **Goltzstraße** (Schöneberg) oder rund um die **Kastanienallee** (Prenzlauer Berg). Jeder Bezirk hat zudem seine Einkaufsstraße.

Mode und Accessoires

The Corner Berlin

Kleines Edelkaufhaus mit angesagter exklusiver Mode, Accessoires, Möbeln und Kunst; kleine Stückzahlen.

- Französische Str. 40 | Mitte
- Tel. 20 67 09 40

Garments

Edle Second-Hand-Boutique für Damen mit schönen Stücken – Kleidung, Schuhe und Accessoires – derzeit vieles aus den 1980-er Jahren. Die Filiale in der Stargarder Straße 12 A, Prenzlauer Berg, führt auch Mode für Männer.

- Linienstr. 204-205 | Mitte
- Tel. 28 47 77 81
- Mo–Sa 12–19 Uhr

Lil Shop
In Lil Schlichting-Stegemanns originell designtem Shop findet man Kleidung des Labels Comme des Garçons.
- Brunnenstr. 185 | Mitte
- Tel. 28 04 53 38
- Mo 11–15, Fr/Sa 11–18 Uhr

Nix
Die Designerin Barbara Gebhardt kreiert in den Heckmann Höfen Schlichtes mit Raffinesse.
- Oranienburger Str. 32 | Mitte
- Tel. 281 80 44

Oukan 71
Dieser Conceptstore ist ein Mix aus Restaurant, Tee-Bar und Boutique für japanisches und internationales Design.
- Kronenstr. 71 | Mitte
- Tel. 20 62 67 00
- Mo–Sa 12–19 Uhr

Respectmen
Trendige Anzüge für Männer.
- Neue Schönhauser Str. 14 | Mitte
- Tel. 283 50 10

Fiona Bennett
Sie ist die Königin der Kopfbedeckungen – ihre Hüte sind kleine Kunstwerke.
- Potsdamer Str. 81–83, Tiergarten
- Tel. 28 09 63 30
- Mo–Sa 10–19 Uhr

Waahnsinn Berlin
Schrille Accessoires von bunten Perücken über Elton-John-Brillen bis hin zu Wohnaccessoires.
- Rosenthaler Str. 17 | Mitte
- Tel. 282 00 29

F 95
Großer Designerstore für Mode und Accessoires auf dem Gelände der Modemesse Premium.
- Luckenwalder Str. 4-6 | Kreuzberg
- Tel. 42 08 33 58

Voo Store
Concept-Store mit Industriecharme für Fashionvictims.
- Oranienstr. 24 | Kreuzberg
- Tel. 61 65 11 19
- Mo–Sa 11–20 Uhr

Sing Blackbird
Erst-klassig
Kaffee trinken, vegetarisch-vegane Snacks genießen und schön shoppen. Vom hübschen kleinen Retro-Café geht es direkt in die Second-Hand-Boutique mit teils edlen bezahlbaren Stücken aus den 50er-Jahren bis heute.
- Sanderstr. 11 | Neukölln
- Tel. 54 84 50 51
- tgl. 13–19 Uhr

Flagshipstore
Der junge Designerladen bietet hauseigene Labels und ca. 30 Kollektionen v.a. von Berliner Nachwuchstalenten an.
- Oderbergerstr. 53 | Prenzlauer Berg
- Tel. 43 73 53 27

Souer
Der Second-Hand-Shop mutet mehr wie eine Boutique an. Hier findet sich Schönes, Junges, Tragbares und Hochwertiges.
- Marienburger Str. 24 | Prenzl. Berg
- Tel. 32 89 15 20
- Mo–Sa 11–19 Uhr

Thatchers
Kultlabel in Sachen hippes Outfit.
- Kastanienallee 21 | Prenzlauer Berg
- Tel. 24 62 77 51

Riccardo Cartillone
Das Dorado für Schuhfreaks (Outlet gegenüber Nr. 4).
- Savignyplatz 5 | Charlottenburg
- Tel. 31 50 33 27

Schmuck

Chic Choc
Internationale Designer, eigene Kollektion.
- Holsteinische Str. 42 | Wilmersdorf
- Tel. 873 81 11

Galerie Oona
Ausgefallener Schmuck diverser Designer.
- Auguststr. 26 | Mitte
- Tel. 28 04 59 05

Michaela Binder
Werkstattgalerie, faszinierende Kollektion aus Silber und farbigen Filzen.
- Gipsstr. 13 | Mitte
- Tel. 28 38 48 69
- Di–Sa ab 12 Uhr

Akkesoir
Ungewöhnlicher Designer-Schmuck sowie Handtaschen.
- Linienstr. 215 | Mitte
- Tel. 76 21 99 21
- Di–Sa 12–19 Uhr

Geschenke und Mitbringsel

Ampelmann Shop
Erst-! klassig
Die kultigen DDR-Ampelmännchen in allen Variationen; weitere Shops u.a. Gendarmenmarkt (Markgrafenstr. 37).

Die besten Läden

Erst-! klassig

- **F 95**
Großer Designerstore für Mode und Accessoires.
Luckenwalder Str. 4-6 | Kreuzberg
Tel. 42 08 33 58
- **Coledampf's & Companies**
Ein Ort für kulinarische Begegnungen: vorne die Kochbuchhandlung Kochlust, hinten der Coledampf's Kochutensilien-Shop.
Prinzenstr. 85d | Kreuzberg
Tel. 22 19 60 95
Mo–Do 9–20, Fr 9–22.30,
Sa 10–22.30 Uhr
- **Bibliotheca Culinaria**
Das größte deutschsprachige Kochbuchantiquaritat mit 25 000 Büchern.
Zehdenicker Str. 16 | Mitte
Tel. 47 37 75 70
Di–Fr 11–19, Sa 11–16 Uhr
- **Ausberlin**
Kaufhaus für Berliner Produkte von T-Shirts bis hin zu Magazinen.
Karl-Liebknecht-Str. 17 | Mitte
Tel. 41 99 78 96
- **Departmentstore Quartier 206**
Gehört zu »den« Adressen für Mode, Kosmetik und Wohnaccessoires.
Friedrichstr. 71 | Mitte
Tel. 20 94 68 00
- **Winterfeldt Schokoladen**
In der Gründerzeitapotheke werden leckere Schokoladen angeboten.
Goltzstr. 23 | Schöneberg
Tel. 23 62 32 56
- **Galeries Lafayette**
In der Feinkostabteilung kann man schlemmen wie Gott in Frankreich.
Friedrichstr. 76-78 | Mitte
Tel. 20 94 80

Erfüllt britische Gelüste: Broken English

- Hackesche Höfe (Hof 5)
- Rosenthaler Str. 40-41 | Mitte
- Tel. 44 72 64 38

The Different Scent

Alles für den Körperkult: edle Düfte, Rasierseifen und Aftershaves, Cremes und Körperpuder.

- Krausnickstr. 12 | Mitte
- Tel. 35 12 29 25

Herrlich

Alles für Männer: Schönes und Nützliches vom Rasierer über Uhren bis zur Edel-Grillzange.

- Bergmannstr. 2 | Kreuzberg
- Tel. 784 53 95
- Mo–Sa 10–20 Uhr

mobilien

Thermoskannen mit Blumenmuster, Scheren in Vogelform – Jürgen Quack bietet »Schönes mit Funktion«.

- Goltzstr. 13b, Schöneberg,
- Tel. 71 53 86 75
- Mo–Fr 11–19, Sa 11–18 Uhr

Broken English

Vom Tee bis zum Porzellan: alles, was man fürs britische Wohlbefinden braucht (Filiale Leonhardstr. 23, Charlottenburg, Tel. 28 59 93 07).

- Körtestr. 10 | Kreuzberg
- Tel. 691 12 27

HanfHaus Berlin

Ausschließlich Hanfprodukte – ob Rucksack, Hose, Shampoo oder Öl.

- Oranienstr. 192 | Kreuzberg
- Tel. 614 81 02

Kunstschule

Fundus für Schönes und Praktisches, wie Frühstücksbrettchen mit Berlin-Motiven oder Brillenhalter in Nasenform.

- Hufelandstr. 13, Prenzlauer Berg,
- Tel. 29 77 93 61
- Mo–Fr 10.30–20, Sa 11.30–18 Uhr

Dr. Kochan Schnapskultur

Das Ladengeschäft offeriert handwerklich hergestellte Brände und Liköre kleiner Destillerien, aus Familienbetrieben und Klöstern, z.B. einen Kräuterlikör aus Berlin und Gin aus dem Schwarzwald.

- Immanuelkirchstr. 4 | Prenzl. Berg
- Tel. 34 62 40 76
- Mo–Fr 12–20, Sa 11–17 Uhr

Wertvoll

Mode und Wohnaccessoires aus ökologischen Materialen und Fair Trade-Handel, die dazu noch schön sind.

- Marienburger Str. 39 | Prenzlauer Berg
- Tel. 25 56 77 26

The English Scent

Baden wie die Queen: Der Shop offeriert Düfte und Pflegeprodukte in guter englischer Tradition.

- Goethestr. 15 | Charlottenburg
- Tel. 324 46 55

Kochen & Würzen
Hobbyköche finden hier allerlei Gewürze genauso wie kleine Küchengeräte.
- Goltzstr. 51 | Schöneberg
- Tel. 21 99 66 69

Bücher

Autorenbuchhandlung
Über 35 Jahre gibt es den Buchladen, am neuen Standort mit Café (Nr. 601).
- Else-Ury-Bogen 599-600
- Charlottenburg | Tel. 313 01 51

Nicolaische Buchhandlung
Traditionsreiches Haus mit Schwerpunkt Berlin-Literatur.
- Rheinstr. 65 | Schöneberg
- Tel. 852 40 05

Hammett Krimibuchhandlung
Erst-! klassig
Für Krimi- und Thrillerfreunde gibt es hier reichlich Mord und Totschlag!
- Friesenstr. 27 | Kreuzberg
- Tel. 6 91 58 34

Eckard Düwal
Antiquarisches bis unter die Decke speziell zu Kunst, Literatur und Philosophie sowie Erstausgaben.

SEITENBLICK

Buchkaufhäuser

Die großen Buchkaufhäuser sind **Hugendubel** (u.a. Alte Potsdamer Str. 7, Wilmersdorfer Str. 121) und Dussmann am Bahnhof Friedrichstraße, www.kulturkaufhaus.de.

Berlin bietet auch eine große Auswahl an Spezialbuchläden.

- Schlüterstr. 17 | Charlottenburg
- Tel. 313 30 30

Musik

Kulturkaufhaus Dussmann
Medienzentrum auf über 7000 m^2; CDs, DVDs, Software, Bücher …
- Friedrichstr. 90 | Mitte
- Tel. 20 25 11 11
- Mo–Fr 9–24, Sa 9–23.30 Uhr

Gelbe Musik
Mischung aus Galerie mit Ausstellungen und Tonträger-Laden, viel neue Musik.
- Schaperstr. 11 | Wilmersdorf
- Tel. 211 39 62

ZeeDee
An- und Verkauf sowie Verleih von CDs und CD-Spielern.
- Brüsseler Str. 4 | Wedding
- Tel. 45 49 13 63
- Mo–Do 12–20, Fr/Sa 12–16 Uhr

Antiquitäten

Antikmarkt Berlin
Viele Geschäfte zum Stöbern.
- Georgenstraße (in den S-Bahn-Bögen)
- Mitte
- Tel. 208 26 55
- Mi–Mo 11–18 Uhr

Schöne Alte Gläser
Wie der Name schon sagt: Hier gibt es altes dekoratives Glas, handgeschliffen und mundgeblasen.
- Suarezstr. 58 | Charlottenburg
- Tel. 323 81 11

Accessoires aller Art

Deko Behrendt
Erst-! klassig
Fast schon eine Institution: Faschings- und Spaßartikel ganzjährig.

- Hauptstr. 18 | Schöneberg
- Tel. 781 49 06

Manufactum

Auf zwei Etagen findet man nützliche und schöne Dinge, die sich seit langem bewährt haben. Nebenan Manufactum brot & butter mit Feinkost.

- Hardenbergstr. 4-5 | Charlottenburg
- Tel. 24 03 38 44

Villa Harteneck

In Sachen Möbel und Accessoires der Rolls Royce unter den Einrichtern.

- Douglasstr. 9 | Grunewald
- Tel. 89 72 78 90

Flying Colors

Spezialist für Drachen und Jonglierbedarf, auch Drachenbaukurse.

- Eisenacher Str. 81 | Schöneberg
- Tel. 78 70 36 36

Feinkost und Weine

KaDeWe

Erst-! klassig

Austern schlürfen, Champagner trinken, exquisit einkaufen – die Lebensmittelabteilung des Großkaufhauses › S. 116 genießt legendären Ruhm.

- Feinschmeckeretage (6. Stock)
- Tauentzienstr. 21 | Wilmersdorf
- Tel. 21 21-0
- www.kadewe.de

Cupcake Berlin

Kleine Kuchen-Kunstwerke zum Vernaschen.

- Krossener Str. 12 | Friedrichshian
- Tel. 25 76 86 87

Werkstatt der Süße

Patissier Guido Fuhrmann macht aus Schokolade & Co. kleine Meisterwerke.

- Husemannstr. 25 | Prenzlauer Berg
- Tel. 32 59 01 57

Bonbonmacherei

Mit Schauküche – unwiderstehlich!

- Heckmann Höfe
- Oranienburger Str. 32 | Mitte
- Tel. 44 05 52 43
- Mi–Sa 12–20 Uhr

Docura

Süße Verführungen gibt es in den beiden Läden im Kolonialwarenladen-Stil.

- Zossener Str. 20 | Kreuzberg
- Tel. 81 79 73 99
- Mexikoplatz 1 | Zehlendorf
- Tel. 81 46 13 33

Fassbender & Rausch

Direkt am Gendarmenmarkt. Riesenauswahl an Schokoladen und Pralinen.

- Charlottenstr. 60 | Mitte
- Tel. 20 45 84 43

Frischeparadies

Erst-! klassig

Ein kulinarisches Paradies für Hobbyköche, in dem markthallenähnlichen Shop im XL-Format findet sich einfach alles, und das zu Top-Preisen.

- Hermann-Blankenstein-Str. 48
- Prenzlauer Berg
- Tel. 390 81 50

Maison des Champagnes

Freunde des französischen Luxus-Prickelwassers finden hier an die 100 Sorten Schampus.

- Motzstr. 17 | Schöneberg
- Tel. 217 27 96

Wald Königsberger Marzipan

Der kleine Laden bietet Marzipanbrote, -kartoffeln und -pralinen.

- Pestalozzistr. 54a | Charlottenburg
- Tel. 323 82 54

Wochenmärkte

Charlottenburg
Frisches Obst und Gemüse rund um die Trinitatiskirche.
- Karl-August-Platz
- Mi 8–13, Sa 8–14 Uhr

Neukölln
Der so genannte Türkenmarkt entlang dem Landwehrkanal bietet ein wenig orientalisches Flair in Berlin. Frisches Obst und Gemüse, türkisches Brot etc.

Erst-! klassig

- Maybachufer
- Di, Fr 11–18.30 Uhr

Prenzlauer Berg
Donnerstags: Ökomarkt, auf dem über 40 Händler ihre Bioprodukte anbieten. Samstags: Lebensmittel und Hippes – Szenetreff.
- Kollwitzplatz
- Do 12–18, Sa 9–16 Uhr

SEITENBLICK

Markthallen

Manche große alte Markthalle ist zu neuem Leben erwacht, so die sanierte **Marheineke-Markthalle** (Marheinekeplatz, Kreuzberg), in der Produkte aus dem Umland angeboten werden oder die Zunft(halle) **Arminiusmarkthalle**, mit einem kleinen, aber schönen Angebot aus Lebensmitteln, Weinen und Wohnaccessoires (Arminiusstr. 2-4, Moabit) sowie die **Markthalle Neun** (Eisenbahnstr. 42, Kreuzberg), ein kulinarisches Paradies.

Kreuzberg
Kleiner Öko-Markt.
- Chamissoplatz
- Sa 9–15 Uhr

Schöneberg
Berlin-Brandenburger Bauernmarkt. Blumen, Fisch, Wurstwaren, Obst und Gemüse – und samstags Szenetreff.

Erst-! klassig

- Winterfeldtplatz
- Mi 8–14, Sa 8–16 Uhr

Floh- und Kleinkunstmärkte

Trödel- und Kunstmarkt
Bekanntester Berliner Flohmarkt, vom echten Trödel über Kunsthandwerk bis Touristennepp ist für jeden etwas dabei.
- Straße des 17. Juni | Charlottenburg
- Sa/So 10–17 Uhr

Flohmarkt am Mauerpark
Trödeln direkt neben dem Mauerpark am Prenzlauer Berg, im ehemaligen Güterbahnhof.
- Bernauer Str. 63-64 | Mitte
- So 8–18 Uhr, im Winter bis Einbruch der Dunkelheit

Trödelmarkt auf dem Boxhagener Platz
Junges Publikum und niedrige Preise.
- Boxhagener Platz | Friedrichshain
- So 10–18 Uhr

Kunstmarkt am Zeughaus
Fundgrube für alle möglichen Altertümer sowie Kunst gegenüber der Museumsinsel.
- Am Zeughaus und Am Kupfergraben › S. 81
- Mitte
- Sa/So 11–17 Uhr

Am Abend

Auch unter Hauptstadtbedingungen hat sich daran nichts geändert: »Berlin hat das ganze Jahr über durchgehend geöffnet«. Mitte, Prenzlauer Berg, Charlottenburg, Schöneberg, Friedrichshain und Wilmersdorf sind Zentren des hauptstädtischen Nachtlebens. Ein Hotspot ist die Oranienburger Straße in Mitte zwischen dem Kulturzentrum Tacheles und den schick hergerichteten Hackeschen Höfen. Die meisten Kneipen in Prenzlauer Berg sind rund um den Kollwitzplatz angesiedelt. Kreuzberg und Schöneberg haben ebenfalls eine enorme Kneipendichte, die durch Kleinkunstbühnen, Clubs und Bars noch erhöht wird. Friedrichshain, vereint mit Kreuzberg, zieht junge Nachtschwärmer an.

Die Club-Gemeinde hat sich ständig neue verlassene Hinterhöfe, Fabriketagen und Kellerräume für ihre Partys erschlossen; manche fielen dem Bauboom zum Opfer, andere wandelten zum etablierten Szenetreffpunkt. Die großen und kleinen Bühnen, von klassisch bis kabarettistisch, konzentrieren sich auf den Bezirk Mitte und Charlottenburg.

Oper

Staatsoper Unter den Linden

Während der Sanierung bis Sommer 2014 gastiert die Staatsoper im Schiller Theater (Bismarckstr. 110, Charlottenburg).

- Unter den Linden 7 | Mitte
- Tel. 20 35 40
- www.staatsoper-berlin.de

SEITENBLICK

Eintrittskarten

Per CTS-Computersystem sind Theater- und Konzertkarten bei fast allen Vorverkaufskassen abrufbar, z.B. bei der Theaterkasse im **KaDeWe** › **S. 116**, im Bahnhof Friedrichstraße (Ausgang Reichstagsufer) oder im Shopping-Center **Alexa** › **S. 84** am Alexanderplatz. Die meisten Theater und Veranstaltungsorte verkaufen ihre Karten auch über ihre Internetseiten. Für viele Veranstaltungen kann man auch über die **Touristinformationen** › **S. 161** reservieren.

Deutsche Oper Berlin

Größtes Opernhaus der Stadt, in dem auch das Staatsballett auftritt.

- Bismarckstr. 35 | Charlottenburg
- Tel. 34 38 43 43
- www.deutscheoperberlin.de

Komische Oper

Kleinstes Berliner Opernhaus, Aufführungen in deutscher Sprache.

- Behrenstr. 55–57 | Mitte
- Tel. 47 99 74 00
- www.komische-oper-berlin.de

Neuköllner Oper

Erst-! klassig

Originelle Eigenproduktionen, musikalische Raritäten, Uraufführungen.

- Karl-Marx-Str. 131–133 | Neukölln
- Tel. 68 89 07 77
- www.neukoellneroper.de

Schauspiel

Deutsches Theater Berlin und Kammerspiele

Bekannte Klassiker und Komödien, junges Theater in den Kammerspielen.

- Schumannstr. 13a | Mitte
- Tel. 28 44 12 25
- www.deutschestheater.de

Berliner Ensemble

Moderne Inszenierungen klassischer Autoren wie Shakespeare, Ibsen, Brecht.

- Schiffbauerdamm/
  Bertolt-Brecht-Platz 1 | Mitte
- Tel. 28 40 81 55
- www.berliner-ensemble.de

Maxim Gorki Theater

Zeitgenössisches Theater, Studiobühne für junge Autoren.

- Am Festungsgraben 2 | Mitte
- Tel. 20 22 11 15
- www.gorki.de

Hebbel am Ufer (HAU)

Vereinigung der Kreuzberger Bühnen für zeitgenössisches Theater und Tanz; neuer Szenetreff mit HAU 1 (Stresemannstr. 29), HAU 2 (Hallesches Ufer 32), und HAU 3 (Tempelhofer Ufer 10).

- Tel. 25 90 04 27
- www.hebbel-am-ufer.de

Theater und Komödie am Kurfürstendamm

Plüschiges Boulevardtheater; viel Fernseh-Prominenz im Ensemble.

- Kurfürstend. 206/209 | Charlottenburg
- Tel. 88 59 11 88
- www.theater-am-kurfuerstendamm.de

Berliner Kriminal Theater

Krimi-Klassiker von Agatha Christie u a.

Tangonacht im Grünen Salon (Volksbühne)

- Palisadenstr. 48 | Friedrichshain
- Tel. 47 99 74 88
- www.kriminaltheater.de

Volksbühne

Engagiertes zeitgenössisches Theater; im Roten und Grünen Salon wird ein spannender Mix von Konzerten bis zu Tango- und Swingnächten geboten.

- Rosa-Luxemburg-Platz | Mitte
- Tel. 24 06 57 77
- www.volksbuehne-berlin.de

Admiralspalast

Erst-! klassig

Beste Unterhaltung – von klassischem Theater und Musical über Lesungen bis Livemusik und Nightclub.

- Friedrichstr. 101
- Tel. 47 99 74 99
- www.admiralspalast.de

2014 soll die Veranstaltugsreihe LANGE NACHT DER OPERN UND THEATER fortgesetzt werden.

Musical und Varieté

Stage Theater am Potsdamer Platz

Musicalbühne am Potsdamer Platz.

- Marlene-Dietrich-Platz 1
- Tel. 0 18 05-44 44

Theater des Westens
Renommierte Musicalbühne in wunderschönem Theater (um 1900).
- Kantstr. 12 | Charlottenburg
- Tel. 0 18 05-44 44

Friedrichstadtpalast
Berühmter Revuetempel mit Glitzer, Glamour und langen Beinen.
- Friedrichstr. 107 | Mitte
- Tel. 23 26 23 26
- www.showpalace.eu

Wintergarten Varieté
Shows mit Pantomime, Artisten und Zauberer aus aller Welt.
- Potsdamer Str. 96 | Tiergarten
- Tel. 58 84 33
- www.wintergarten-variete.de

Bar jeder Vernunft
Erst-! klassig
Altes holländisches Jugendstilzelt mit viel Holz und Spiegeln und exzellentem Programm.
- Schaperstr. 24 | Wilmersdorf
- Tel. 883 15 82
- www.bar-jeder-vernunft.de

Estrel Festival Center
Glitzer-Doppelgänger-Show »Stars in Concert« in Europas größtem Hotel.
- Sonnenallee 225/Ziegrastr. 21–29
- Neukölln
- Tel. 68 31 68 31
- www.estrel.de

Comedy und Kabarett

Quatsch Comedy Club
In der ehemaligen Kleinen Revue im Souterrain des Friedrichstadtpalastes präsentiert Thomas Hermanns seine Show mit hochkarätigen Comedians, die auch bei Pro7 ausgestrahlt wird.
- Friedrichstr. 107 | Mitte
- Tel. 0 18 05-969 00 09 69
- www.quatsch-comedy-club.de

Comedy Club Kookaburra
Hier stehen allabendlich Comedy und Kabarett auf dem Programm. Wer sein komödiantisches Talent erproben will, betritt beim »Open Stage« sonntags die Bühne.
- Schönhauser Allee 184 | Prenzl. Berg
- Tel. 48 62 31 86
- www.comedyclub.de
- Shows: Di–Sa 20.30, So 19 Uhr Midnight Show (Englisch) Sa 23.45 Uhr, Eintritt 8–14 €, So »Open Stage« 5 €

Die Stachelschweine
Etwas gesetzteres Programm.
- Europa-Center | Charlottenburg
- Tel. 261 47 95
- www.diestachelschweine.de

BKA
Scharfzüngige Kabarettanstalt; Di stehen mit der »Unerhörten Musik« neue und zeitgenössische Klänge an.
- Mehringdamm 34 | Kreuzberg
- Tel. 202 20 07
- www.bka-theater.de

Die Wühlmäuse
Satirisch-lustiges Kabarett.
- Pommernallee 2–4 | Charlottenburg
- Tel. 30 67 30 11
- www.wuehlmaeuse.de

Distel
Einst Renommierkabarett des Ostens.
- Friedrichstr. 101 | Mitte
- Tel. 204 47 04
- www.distel-berlin.de

Bars

Victoria Bar

Eine der schönsten Bars der Hauptstadt, mit wirklich erstklassigen Cocktails.

- Potsdamer Str. 102 | Schöneberg
- Tel. 25 75 99 77
- So–Do 18.30–3, Fr/Sa bis 4 Uhr

Windhorst

Kleine feine Bar von Günter Windhorst, der als einer der besten Barkeeper der Stadt gilt.

- Dorotheenstr. 65 | Mitte
- Tel. 20 45 00 70
- Mo–Fr 18 Uhr–o.e., Sa 21 Uhr–o.e.

Saphire Bar

Schöne Szene-Bar mit gut gemachten Cocktails, mit Ableger Saphire Martini Lounge (Sredzkistr. 62, Prenzlauer Berg).

- Bötzowstr. 31 | Prenzlauer Berg
- Tel. 25 56 21 58
- tgl. ab 20 Uhr

Newton Bar

Klassisch-stilvolle Bar am Gendarmenmarkt, viel Schicki-Micki-Publikum.

- Charlottenstr. 57 | Mitte
- Tel. 20 29 54 21

Clubs

Havanna

Auf vier Dancefloors wird zu Latino- und Black Music getanzt.

- Hauptstr. 30 | Schöneberg
- Tel. 784 85 65

Spindler & Klatt

Stylische Location mit Dinner-Clubs, Events, Bar und Lounge.

- Köpenicker Str. 16-17 | Kreuzberg
- Tel. 69 56 67 75
- www.spindlerklatt.de

Weekend

Entspannt lässiger Club mit Aussicht im 12. und 15. Stock. Elektro-Musik.

- Alexanderplatz 5 | Mitte
- Di–Sa ab 20 Uhr

Livemusik und Jazzclubs

A-Trane

Baratmosphäre, dazu guter Vocal-, Latin-, New- und Groove-Jazz.

- Pestalozzistr. 105/Bleibtreustr.
- Charlottenburg
- Tel. 313 25 50
- www.a-trane.de
- tgl. ab 21 Uhr

Kalkscheune

Ein Begriff in der Party-Szene, Jazz, Rock, Chanson etc.

- Johannisstr. 2 | Mitte
- Tel. 59 00 43 40
- www.kalkscheune.de

Junction Bar

Nimmermüde Live-Location mit Bands aller Stilrichtungen für kleines Geld.

- Gneisenaustr. 18 | Kreuzberg
- www.junction-bar.de

Radialsystem V

In einem denkmalgeschützten Pumpwerk an der Spree ist ein spannendes Kunstzentrum entstanden: Konzerte, Tanz, Performances und Partys.

Erst-! klassig

- Holzmarktstr. 33 | Friedrichshain
- Tel. 288 78 85 88
- www.radialsystem.de

Waldbühne

Die 22 000 Menschen fassende Open-Air-Arena zählt zu den schönsten Konzertstätten Deutschlands.

- Am Glockenturm | Charlottenburg

Hausbrauerei Hops & Barley
in Kreuzberg

LAND & LEUTE

STECKBRIEF

- **Geographische Lage:** Auf 52°31′ nördlicher Breite und 13°24′ östlicher Länge, 34–60 m ü. NN. Höchste Erhebung ist der Große Müggelberg im Köpenicker Forst mit 115 m ü. NN.
- **Fläche:** Stadtgebietsfläche 892 km^2, davon entfallen 55 % auf den West- und 45 % auf den Ostteil der Stadt. Ost–West-Ausdehnung max. 45 km, Nord–Süd 38 km.
- **Wohnbevölkerung:** 3,53 Mio. Einwohner, davon knapp 504 000 Ausländer (2012).
- **Bevölkerungsdichte:** Der am dichtesten besiedelte Bezirk mit 13 163 Einwohnern pro km^2 ist Friedrichshain-Kreuzberg, am lockersten besiedelt ist Treptow-Köpenick mit 1434 Einwohnern pro km^2.
- **Arbeitslosigkeit:** 12,3 % der Erwerbsbevölkerung im März 2013.
- **Regierung:** Berlin ist ein Stadtstaat, für den seit dem 3. Oktober 1990 Bundesrecht gilt. Die Regierung ist der Senat mit Sitz im Roten Rathaus. Er besteht aus dem Regierenden Bürgermeister – seit 2001 Klaus Wowereit, SPD – und max. acht Senatoren.
- **Parlament:** Das Abgeordnetenhaus mit seinen mindestens 130 Mandatsträgern ist die direkte Volksvertretung der Berliner. Es tagt im ehemaligen Preußischen Landtag.
- **Verwaltung:** Berlin bestand bis 2000 aus 23 historisch gewachsenen Verwaltungsbezirken. Diese wurden im Jahr 2001 im Zuge einer Verwaltungsreform neu gegliedert und auf zwölf reduziert.
- **Partnerstädte:** u.a. Los Angeles, Moskau, Paris, Madrid, Brüssel, Istanbul, Budapest, Mexiko-Stadt.

Lage

Berlin ist nicht nur nach Fläche und Einwohnerzahl die größte Stadt in Deutschland, es hat auch die höchste Bevölkerungsdichte, und doch: von Steinwüste keine Spur. Die idyllische von Wasserläufen durchzogene Landschaft mit Wäldern und Parks bildete sich in den Eiszeiten des Pleistozän. Die Lage im Warschau-Berliner-Urstromtal zwischen Gletscherablagerungen und verbliebenem Schmelzwasser hat der Gegend das viele Nass beschert. Seit Jahrtausenden ist der Untergrund feucht und sandig.

An schönen Wochenenden sind die innerstädtischen grünen Oasen wie der Tiergarten von Erholungsuchenden bevölkert. Wer dagegen

Wandmalerei: ein Trabant, bis heute liebevoll Trabi genannt

bereit ist, wenige Kilometer vom Zentrum Richtung Norden bis Lübars zu fahren, erlebt schon Natur pur. Auch im Spandauer Forst oder in der Wuhlheide bei Köpenick ist es sogar an Frühlingstagen fast menschenleer.

Wirtschaft

Konzerne wie Siemens, Borsig und Osram hatten früher in Berlin ihren Hauptsitz. Der Zweite Weltkrieg bedeutete einen massiven wirtschaftlichen Einbruch. Nach 1949 erschwerte die Isolation Westberlins eine erneute wirtschaftliche Blüte. Viele Betriebe zogen sich nach dem Bau der Mauer ganz zurück. Eine Ausnahme bildete Axel Springer, der sein neues Verlagshochhaus (1961–66) direkt an der Mauer in Kreuzberg errichten ließ. Daneben förderte die öffentliche Hand Investitionen der Industrie. Berlin (West) war bis zur Wende 1989 der größte Industriestandort der Bundesrepublik. In Ostberlin waren zahlreiche wichtige Industriebetriebe der DDR angesiedelt. In beiden Stadthälften waren überproportional viele Beschäftigte im öffentlichen Dienst tätig.

Seit der Wiedervereinigung

Mit der Vereinigung der beiden deutschen Staaten haben sich die wirtschaftlichen Rahmenbedingungen für die Metropole entschieden verbessert. Ihre geographische Lage macht sie zur Drehscheibe zwischen Ost und West, besonders für den Handel. Der Umzug der Bundesregierung beschleunigte den Ausbau der Infrastruktur. Dennoch hat Berlin zusammen mit den neuen Bundesländern die höchste Arbeitslosenquote unter allen deutschen Großstädten. Als Industriestandort verliert die Hauptstadt weiter an Boden. Ein wichtiger Faktor sind dabei die hohen Gewerbeimmobilienpreise im Stadtgebiet. Der Dienstleistungsbereich verzeichnet wachsende Umsätze. Insbesondere der Hauptstadttourismus boomt: 2012 besuchten knapp 10,85 Millionen Gäste Berlin, was einem Zuwachs von etwa 10% gegenüber dem Vorjahr entspricht.

Geschichte im Überblick

6./7. Jh. Im Spreegebiet entstehen zwei slawische Siedlungen.

Um 1160 Albrecht der Bär gründet eine askanische Burg in Spandau, die heutige Zitadelle.

1237 Die Kaufmannssiedlung Cölln auf einer Spreeinsel wird erstmals urkundlich erwähnt. Am Ostufer gegenüber entsteht die Siedlung Berlin.

1307 Zum Schutz gegen raublustige Landadlige bilden beide Städte einen gemeinsamen Rat.

1359 Die Doppelstadt Berlin-Cölln wird Mitglied der Hanse.

1415 König Sigismund macht Friedrich von Nürnberg aus dem Geschlecht der Hohenzollern zum Kurfürsten von Brandenburg.

1486 Berlin wird kurfürstliche Residenz.

1539 Kurfürst Joachim II. bekennt sich zur Lehre Luthers, Brandenburg wird protestantisch.

1618–1648 Die Schrecknisse des Dreißigjährigen Krieges erschüttern Berlin. Bei Kriegsende lebt nur noch die Hälfte der 12 000 Bewohner in der Stadt.

1642 Friedrich Wilhelm, der Große Kurfürst, beschließt den Ausbau zur Residenz.

1700 Gottfried Wilhelm Leibniz wird erster Präsident der Preußischen Akademie der Wissenschaften.

1701 Kurfürst Friedrich III. krönt sich in Königsberg zum König von Preußen, Berlin avanciert zur königlichen Residenzstadt.

1740–1786 Unter Friedrich II., dem Großen, erlangt die preußische Hauptstadt europäische Geltung. Nach seinen Vorstellungen konzipieren die Architekten Knobelsdorff und Gontard das Forum Fridericianum Unter den Linden.

1806 Napoleon zieht am 27. Oktober in Berlin ein und besetzt die Stadt mehr als zwei Jahre lang. Sieben wohlhabende Bürger verwalten die Stadt unter französischen Direktiven.

1807 Freiherr vom Stein leitet sein umfassendes Reformwerk zur Belebung des politischen und wirtschaftlichen Lebens in Preußen ein.

1810 Wilhelm von Humboldt gründet die später nach ihm benannte Berliner Universität.

1848 Berlin ist ein Brennpunkt der Märzrevolution. Arbeiter, Handwerker und Studenten fordern die lange versprochene Verfassungsreform und Pressefreiheit.

1918 Kaiser Wilhelm II. dankt am 9. November ab, Philipp Scheidemann ruft vom Reichstag die Republik und Karl Liebknecht vom Balkon des Berliner Stadtschlosses die Freie Sozialistische Republik aus.

1920 Die preußische Landesversammlung vereinigt kleinere Städte, Landgemeinden und Gutsbezirke zur neuen Stadtgemeinde Groß-Berlin mit 3,9 Mio. Einwohnern.

1926 Tausende von Besuchern strömen zur ersten »Internationalen Grünen Woche«.

1933 Adolf Hitler wird Reichskanzler, die Nationalsozialisten veranstalten am 10. Mai auf dem Opernplatz die öffentliche Bücherverbrennung »Wider den undeutschen Geist«.
1936 Berlin ist Austragungsort der XI. Olympischen Sommerspiele.
8. Mai 1945 Die Oberbefehlshaber der Deutschen Wehrmacht unterzeichnen im sowjetischen Hauptquartier Karlshorst die Kapitulation. Von den 4,3 Mio. Einwohnern zu Beginn des Krieges leben noch 2,3 Mio.
24. Juni 1948 Die UdSSR startet die Blockade der Westsektoren. Die Alliierten versorgen Berlin elf Monate lang über die Luftbrücke.
7. Okt. 1949 Gründung der DDR. Hauptstadt der sozialistischen Republik wird der Ostteil Berlins.
13. Aug. 1961 Beginn des Mauerbaus.
23. Juni 1963 US-Präsident John F. Kennedy bekundet seine Solidarität vom Balkon des Schöneberger Rathauses mit den Worten: »Ich bin ein Berliner.«
9. Nov. 1989 Öffnung der Mauer.
3. Okt. 1990 Wiedervereinigung Deutschlands.
20. Juni 1991 Der Bundestag beschließt den Umzug nach Berlin.
1994 Verabschiedung der Alliierten Streitkräfte mit Volksfesten.
1999 Die Bundesregierung nimmt wie zahlreiche Bundesbehörden ihre Arbeit in der Hauptstadt auf. Die gläserne Kuppel des Reichstags wird zum Wahrzeichen und Besuchermagneten. Die Museumsinsel wird UNESCO-Weltkulturerbe.
2004 Das Berliner Olympiastadion wird nach vierjährigem Umbau feierlich wiedereröffnet.
2005 Das Holocaust-Mahnmal wird am 10. Mai mit einem Staatsakt eingeweiht.
2006 Eröffnung des neuen Hauptbahnhofs am 28. Mai.
2008 Einführung der Umweltzone (Plakettenpflicht für Pkw) innerhalb des S-Bahn-Rings.
2009 Der Abriss des Palastes der Republik wird vollendet.
2010 Im Mai wird das neue Dokumentationszentrum Topographie des Terrors eingeweiht.
2011 In der Wahl zum Abgeordnetenhaus behauptet sich die SPD und ihr Regierender Bürgermeister Klaus Wowereit trotz starker Verluste als stärkste Partei.
2012 Berlin feiert 775. Geburtstag.
2013 Im Juni legt Bundespräsident Joachim Gauck den Grundstein für den Wiederaufbau des Berliner Stadtsschlosses.

Das Holocaust-Mahnmal liegt wenige Gehminuten vom Brandenburger Tor entfernt

Natur & Umwelt

Das Territorium der Metropole besteht zu über 40 % aus Wäldern, Parks, Feldern oder Wasser. Das bedeutet etwa 111 m^2 offene Freifläche pro Einwohner. Besonders die morastigen Niederungen wie der Tiergarten, der Plänterwald im Treptower Park, der Grunewald und der Charlottenburger Schlosspark blieben unbebaut und bilden die beliebten grünen Inseln der Stadt. In keiner Stadt Europas stehen so viele Grünflächen zur Verfügung und säumen so viele Bäume die Straßen wie in Berlin – rund 430 000. Überall sind die berühmten Linden zu sehen. Sie stellen mit einem Anteil von fast 40 % am Baumbestand die vorherrschende Gattung. Im Sommer sollte man wegen ihrer klebrigen Absonderungen nicht unter den Linden parken.

Wo Millionen von Menschen leben, bleiben Umweltbelastungen nicht aus. Zwar kann der häufig wehende Wind von Bergen ungehindert frischen märkischen Sauerstoff in die Stadt hineintragen – das traditionelle Lob für die »Berliner Luft« hat sich schon in manchem Schlagerlied niedergeschlagen. Trotzdem erreicht die Schadstoffbelastung mitunter hohe Werte: Im Sommer sind es vor allem die Autoabgase, im Winter wird die Luft zusätzlich »angeheizt« durch Kohleofenheizungen, die in manchen Altbauwohnungen noch immer ihren Dienst tun. Allerdings haben die vom Senat geförderte Umstellung der Kohleheizungen auf moderne Erdgasanlagen und

SEITENBLICK

Ein »Klein-Venedig«

Fast 1700 Brücken überspannen Berlins Wasserläufe, das sind mehr als in der Lagunenstadt Venedig, die im Wasser steht, und das will schon etwas heißen! Seit dem Ausbau der Wasserstraßen im 17. und 18. Jh. liegt die Stadt im Zentrum des mitteleuropäischen Fluss- und Kanalsystems. Dadurch ist sie mit Oder und Weichsel verbunden. Zu Wasser kann man bis zur Weser und zum Rhein und sogar in die Ostsee gelangen.

Ohne Spree und Havel ist Berlin undenkbar. Kurvenreich kommt die Spree aus der Lausitz daher und durchfließt in Köpenick den Müggelsee. Später umschlingt sie die Museumsinsel in der City und macht sich weiter auf nach Spandau, wo sie an der Zitadelle in die Havel mündet. Die Havel selbst ist ein mäandrierender Fluss, sich ständig verengend und wieder verbreiternd zum Wannsee, zum Tegeler See oder zum Stößensee.

Berlin ist also eine richtige Wasserstadt, ein Dorado für Freizeitkapitäne mit ihren Segelbooten, Ruderclubs und Surfbrettern. Die vielen Seebäder machen die Sache noch attraktiver. Wo gibt es denn heutzutage noch einen Sandstrand in einer Millionenstadt? Am Strandbad Wannsee, in Tegel und am Müggelsee zum Beispiel.

Fernwärme sowie die allgemein durchgesetzten Katalysatoren seit den 90er-Jahren zu einem spürbaren Rückgang der Schadstoffwerte geführt. Smogalarm musste schon seit Jahren nicht mehr ausgelöst werden.

Seit Einführung der Umweltzone innerhalb des S-Bahn-Rings dürfen nur PKW mit einer gültigen Plakette fahren.

Infos über Umwelt und Verkehr: www.stadtentwicklung.berlin.de. Infos zur Umweltzone/-plakette: www.berlin.de/umweltzone › S. 161.

Die Menschen

Die Zusammensetzung der Bevölkerung zeigt es: Berlin ist der reinste Schmelztiegel. Den Grundstein für diese Entwicklung legte Anfang des 17. Jhs. Friedrich Wilhelm, der Große Kurfürst. Um seiner verwüsteten Mark Brandenburg nach dem Dreißigjährigen Krieg auf die Beine zu helfen, förderte er die Einwanderung von Händlern und Gewerbetreibenden. Als Erste kamen Friesen und Holländer, anschließend jüdische Familien aus Wien; in späteren Jahrhunderten glaubensflüchtige Hugenotten aus Frankreich, dazu verfolgte Pfälzer und Welschschweizer.

Als sich im 19. Jh. in Berlin viele große Industriebetriebe ansiedelten, zogen Tausende von Bewohnern aus ländlichen Gebieten jenseits der Elbe, vornehmlich aus Ostpreußen, Pommern und Schlesien, in die aufstrebende Millionenstadt.

Auch heute hält der Zuzug aus den anderen Regionen Deutschlands an. Manchmal trifft man unter all den Neuberlinern aber noch einen waschechten Hauptstädter. Erkennungszeichen ist die berühmte »Berliner Schnauze«, ein Markenzeichen für Schlagfertigkeit, durchmischt mit Durchsetzungsvermögen und Gefühl. Seitdem die Mauer gefallen ist, hört man wieder mehr Dialekt. Das ist den Bewohnern der östlichen Bezirke zu verdanken, wo sich das angestammte Mundwerk anscheinend besser behaupten konnte. Im Westen hingegen wird geschwäbelt, genordelt, gehesselt, gerheinelt und – wenn auch seltener – bayerisch geredet.

Nationalitäten und Religionen

In den 60er-Jahren des 20. Jhs. wurden auch für Berlin Gastarbeiter in großer Zahl angeworben, unter ihnen zahlreiche Türken, Jugoslawen und Polen. Sie ließen sich hauptsächlich in den Bezirken Wedding, Neukölln und Kreuzberg nieder. Heute sind rund 13,7 % der Bewohner Berlins ausländischer Herkunft. Unter ihnen sind die Türken mit knapp 103 700 die größte Bevölkerungsgruppe, gefolgt von etwa 44 000 Polen. Insgesamt leben Menschen aus über 184 Nationen in Berlin.

SPECIAL

Jüdisches Leben in Berlin

Die Jüdische Gemeinde in Berlin (www.jg-berlin.org) ist mit über 10 000 Mitgliedern die größte in Deutschland.

Schon einmal war Berlin die deutsche Metropole jüdischen Lebens. Seit dem Ausgang des 19. Jhs. siedelten sich zahlreiche vor den Pogromen in Osteuropa Flüchtende im Scheunenviertel, nordwestlich des Alexanderplatzes, an. Allmählich entstanden dort ein Zentrum ostjüdischen Glaubens und ein entsprechendes kulturelles Leben. Bis in die 30er-Jahre wurde das Geistesleben von jüdischen Persönlichkeiten wie Walther Rathenau, Albert Einstein, Franz Werfel u.a. getragen. Dem setzte die Verfolgung der Juden im Dritten Reich ein Ende.

Heute ist der Jüdische Kulturverein Einwanderern bei der Integration behilflich. Die Neuen müssen Sprache und Glaubensgrundsätze erlernen – ein langer Prozess.

Viele Stadtführungen folgen den »Spuren jüdischen Lebens«. Beliebt sind Restaurants wie das **Gabriel's** (Fasanenstr. 79/80), das **Beth-Café** (Tucholskystr. 40) oder das **Bleibergs** (Nürnberger Str. 45a), wo es auch eine kleine Feinkost-Abteilung gibt. Koscher einkaufen kann man auch beim **Bäcker Kädtler** (Danziger Str. 135). In der ehemaligen Jüdischen Mädchenschule, die in einen Kultur-Komplex umgewandelt wurde, wird im **Kosher Classroom** traditionell jüdisch gekocht, allerdings nur für Gruppen (Auguststr. 11-13). Tradition haben das **Jüdische Filmfestival Berlin & Potsdam** Ende des Frühjahrs und die **Jüdischen Kulturtage** im Spätsommer. Das **Centrum Judaicum** u.a. in der Neuen Synagoge (Oranienburger Str. 28-30) präsentiert eine Dauerausstellung zur Geschichte der Berliner Juden. Ende 1998 erhielt das **Jüdische Museum** einen Neubau in der Kreuzberger Lindenstraße 14. Den ungewöhnlichen Baukörper mit seinen spitzwinklig gebrochenen Raumlinien gestaltete Daniel Libeskind.

Das bunte Gemisch der Nationalitäten spiegelt sich auch in der Vielfalt der Religionen wider. In Berlin hat jede denkbare Gemeinschaft die Möglichkeit, ihren Glauben zu leben.

In der Brienner Straße in Wilmersdorf steht sogar eine Moschee nach dem Vorbild des indischen Taj Mahal. Ansonsten dominiert die Evangelische Kirche mit rund 660 000 Mitgliedern, die Katholiken leben mit 318 000 Gläubigen quasi in der Diaspora. Islamischen Religionsgemeinschaften gehören 249 000 Gläubige an. Dem steht eine große Zahl Konfessionsloser gegenüber.

Kunst & Kultur

Mittelalter und Renaissance

Aus der Zeit des Mittelalters haben sich kaum Zeugnisse sakraler Kunst erhalten. Etliches fiel dem Bildersturm der Reformation zum Opfer. Anderes ging im Zweiten Weltkrieg verloren. Einige Kirchen und Ausstattungsstücke haben die Jahrhunderte überdauert, etwa das Fresko »Der Totentanz« in der Marienkirche oder spätgotische Tafelbilder in der Nikolaikirche. Viel verdankt die Berliner Kunst dem Haus Hohenzollern als 500-jährigem Mäzen.

Kurfürst Joachim II. ließ das Stadtschloss im Stil der Renaissance ausbauen und beauftragte Lucas Cranach d. Ä. und d. J. mit Gemälden, die im Jagdschloss Grunewald zu sehen sind.

Barocke Blütezeit

Eine Blüte erlebte die Residenz im Barock, als der Große Kurfürst und sein Sohn Friedrich I. ihrem absolutistischen Machtanspruch in repräsentativen Bauwerken Ausdruck verliehen. Das Stadtschloss wurde erweitert, die Schlösser in Köpenick, Friedrichsfelde und in Niederschönhausen neu gebaut.

Als bedeutendster Künstler dieser Zeit wirkte der Bildhauer und Architekt Andreas Schlüter. Er schuf das Reiterstandbild des Großen Kurfürsten vor dem Charlottenburger Schloss sowie zahlreiche plastische Werke für das Zeughaus.

Friderizianisches Rokoko

Im 18. Jh. verstand es Friedrich der Große, das Vorbild des französischen Rokoko zur eigenen Kunstrichtung in Preußen auszuprägen. Die Ära bekam den Namen friderizianisches Rokoko. Nach seinen Vorgaben errichtete Georg W. von Knobelsdorff die Staatsoper Unter den Linden und den Ostflügel von Schloss Charlottenburg.

Klassizismus und 19. Jahrhundert

Reich vertreten in der Stadt sind Bau- und Kunstwerke aus der Zeit des Klassizismus. Hauptvertreter dieser Stilrichtung waren Carl Gotthard Langhans, der Erbauer des Brandenburger Tores, und Karl Friedrich Schinkel, dessen immenser Schöpferkraft Berlin klassische Gebäude wie die Neue Wache, das Schauspielhaus am Gendarmenmarkt und das Alte Museum verdankt. Meisterleistungen im Bereich der klassizistischen Plastik gelangen den Bildhauern Johann Gottfried Schadow – durch die Skulptur der Quadriga für das Brandenburger Tor – sowie Christian Daniel Rauch: Dieser ging mit seinem Grabmal der Königin Luise (Mausoleum im Schlosspark Charlottenburg) als Begründer der Berliner Bildhauerschule in die Kunstgeschichte ein. Im Wilhelminischen Zeitalter, dem ausgehenden 19. Jh., entstanden in der neuen Hauptstadt des Deutschen Reiches zahlreiche Prachtbauten des Historismus wie der Dom und das Reichstagsgebäude.

20. Jahrhundert

Vor dem Ersten Weltkrieg kam es zu Aufsehen erregenden Neuerungen in der Malerei v.a. in Gestalt der expressionistischen Kunst, vertreten besonders durch Edvard Munch, und die junge Avantgarde der »Berliner Secession« um Max Liebermann und Walter Leistikow. Berühmtes Mitglied der Künstlergruppe war auch die Grafikerin und Bildhauerin Käthe Kollwitz.

SEITENBLICK

Die UNESCO-Siedlungen

Im Juli 2008 hat die UNESCO sechs Berliner Wohnsiedlungen, die zwischen 1913 und 1931 entstanden sind, in die Welterbeliste aufgenommen: die **Gartenstadt Falkenberg** (Treptow), die **Siedlung Schillerpark** (Wedding), die **Großsiedlung Britz**, Hufeisensiedlung genannt (Neukölln), die **Wohnstadt Carl Legien** (Prenzlauer Berg), die **Weiße Stadt** (Reinickendorf) und die Großsiedlung **Siemensstadt** (Charlottenburg). Man bezeichnet die im gesamten Stadtgebiet verteilten Siedlungen auch als Wohnsiedlungen der Berliner Moderne. Allein vier von ihnen wurden vom Architekten Bruno Taut erbaut. Sie waren beispielhaft für die damalige Zeit und zeichneten sich durch rationell geschnittene, helle, modern ausgestattete und bezahlbare Wohnungen aus. Alle hatten Küche, Bad und Balkon sowie viel Grün vor der Haustür. Eingang fanden auch Einflüsse der künstlerischen Avantgarde und linke Ideen der Gewerkschafts- und Genossenschaftsbewegung.

Die modernen Siedlungsstrukturen hoben sich stark von den damals üblichen Mietskasernen ab und ermöglichten einen höheren und gesünderen Lebensstandard auch für die Masse der Bevölkerung. Sie markierten einen historischen Wendepunkt im Städtebau und Wohnungswesen und nahmen großen Einfluss auf die spätere Entwicklung des sozialen Wohnungsbaus und auf Architektur, Städtebau und Landschaftsgestaltung in Deutschland insgesamt.

Der Hamburger Bahnhof, das Museum für Kunst der Gegenwart

Die Stadt erblühte als Zentrum internationaler Gegenwartskunst, und das war vor allem das Verdienst der Galeristen Alfred Flechtheim, Paul Cassirer, Karl Nierendorf. In der Galerie Nierendorf haben die Expressionisten und andere Richtungen der Klassischen Moderne bis heute ein Domizil (Hardenbergstr. 19, Tel. 832 50 13).

Nach dem Zweiten Weltkrieg gingen West- und Ostberlin auch künstlerisch eigene Wege. Ausländer sorgten für frischen Wind in der Westberliner Szene, im Osten brachte die Kunsthochschule Weißensee außer den sowjetisch beeinflussten Dogmatikern auch eigenwillige Künstler wie die Plastiker Waldemar Grzimek und Theo Balden hervor. Nach der Wiedervereinigung bietet Berlin über 170 Museen, Sammlungen und Archive.

Unter ihnen gehört das 2004 wiedereröffnete Landesmuseum für Moderne Kunst, Fotografie und Architektur (kurz: Berlinische Galerie) zu den innovativsten; ebenso der Hamburger Bahnhof – Museum für Gegenwart. Das Museum Berggruen präsentiert gegenüber vom Schloss Charlottenburg über 120 Werke u.a. von Picasso und 60 Werke von Paul Klee. Im Frühjahr 2013 wurde das Haus samt Erweiterungsbau wiedereröffnet.

Die aktuelle Kunstszene

Es gibt verschiedene Zentren, in denen sich die aktuelle Berliner Kunstszene angesiedelt hat. Die **Auguststraße** und ihre Umgebung in Mitte gelten inzwischen als alteingesessene Galeriemeile, hier präsentieren u.a. die Galerien

Eigen + Art (Nr. 26, Tel. 280 66 05) und **Kunst-Werke Berlin** mit schönem Innenhof (Nr. 69, Tel. 243 45 90) zeitgenössische Kunst.

Andere, neue Kunstquartiere liegen in Kreuzberg, rund um den Springer-Verlag, an der ehemaligen Kochstraße, die inzwischen Rudi-Dutschke-Straße heißt. So die **Galerie Crone** (Nr. 26) oder ganz in der Nähe in der Lindenstraße z.B. die **Konrad Fischer Galerie** (Nr. 35). In Tiergarten, unweit der Neuen Nationalgalerie, kann man ebenfalls einen Galeriebummel unternehmen, so zu Ausstellungsräumen am Schöneberger Ufer, etwa zur Galerie **Esther Schipper** (Nr. 65) oder an der Potsdamer Straße zur **Galerie Arndt** (Nr. 96).

An der **Heidestraße**, auf dem »Niemandsland« mit seinen ehemaligen Lager- und Fabrikhallen hinter dem Hamburger Bahnhof ist ein neues, wichtiges Kunstareal entstanden. Der Hamburger Bahnhof (der ehemalige Kopfbahnhof von 1847) beherbergt das Museum für Gegenwart sowie in den Rieckhallen, die Friedrich Christian Flick Collection. In der »Halle am Wasser«, einem ehemaligen, 2500 qm großen Speditionslager am Spandauer Schiffahrtskanal, wird zeitgenössische Kunst gezeigt. Dort findet man auch die Galerie **Jarmuschek + Partner** und die Galerie **Christian Hosp**.

Seit 2007 gibt es gegenüber der Museumsinsel ein neues, privates **Galeriehaus** › **S. 80** (Am Kupfergraben 10, Tel. 288 78 70). Der britische Architekt David Chipperfield hat es für den Kunstsammler Heiner Bastian entworfen. Auf vier Stockwerken wird Kunst gezeigt, auf den unteren beiden Etagen ist die international für ihre Gegenwartskunst bekannte **Galerie Contemporary Fine Arts** ansässig, darüber die Sammlung des Hausherren › **S. 81**.

Einer der ungewöhnlichsten Kunstorte dürfte die im Mai 2008 eröffnete **Sammlung Boros** des Privatsammlers Christian Boros sein, er präsentiert sie in einem ehemaligen Luftschutz-Bunker in Berlin-Mitte (Reinhardt-, Ecke Albrechtstraße, www.sammlung-boros.de, Besuch nur mit Anmeldung).

Kunst-Events

Die einst wichtigste Messe für zeitgenössische Kunst, das Art Forum Berlin, ist in einer anderen Kunstmesse, der **art berlin contemporary**, aufgegangen. Sie findet im September in der Station Berlin (www.artberlincontemporary.com), dem ehemaligen Postbahnhof am Gleisdreieck in Kreuzberg statt und gibt einen guten Überblick über die aktuellen Kunstentwicklungen.

An verschiedenen Orten von Museen über Galerien bis zu Bunkern und Hochhäusern zeigt die **Berlin Biennale** im Frühjahr/Sommer mehrere Wochen lang Gegenwartskunst. Mittlerweile etabliert hat sich das Ende April stattfindende **Gallery Weekend Berlin**. Rund 50 zeitgenössische Galerien öffnen dann für Kunstinteressierte ihre Türen.

Ein seit Jahren beliebtes Highlight ist zweimal jährlich (Jan./Feb. und August) die **Lange Nacht der Museen** – viele Kulturinstitutionen haben bis nach Mitternacht geöffnet.

Literatur

Zu allen Zeiten haben sich geistvolle und kritische Köpfe in der Hauptstadt ganz besonders wohl gefühlt. In der Goethezeit bildeten die Salons der selbstbewussten Frauen Rahel Varnhagen von Ense und Henriette Herz den belebenden Mittelpunkt des literarischen Berlin. Die Brüder Alexander und Wilhelm von Humboldt, der Philosoph Johann Gottlieb Fichte, der Theologe Friedrich Schleiermacher und Bettina von Arnim frönten hier ihrer weltoffenen Debattierlust.

Auch in den 20er-Jahren des 20. Jhs. gab es kaum einen bedeutenden Autor, der nicht wenigstens zeitweilig in Berlin gelebt hätte. Eine geradezu magnetische Anziehungskraft auf die junge Avantgarde der Moderne hatte das legendäre »Romanische Café« an der Kaiser-Wilhelm-Gedächtniskirche. Arnold Zweig und Kurt Tucholsky saßen hier stundenlang bei einer Tasse Kaffee. Der Puls der vitalen Metropole fand Eingang in das schriftstellerische Schaffen – besonders augenfällig in Alfred Döblins Roman »Berlin Alexanderplatz« oder Erich Kästners humorvoller Lyrik. Ab Ende der 50er-Jahre sorgten Günter Grass und Uwe Johnson für literarische Weltläufigkeit.

Radikal und experimentierfreudig brachen dann Thomas Hürlimann und Bodo Morshäuser von Kreuzberg aus verkrustete Strukturen auf.

Im Osten wurden die vielen subjektiv getönten Facetten der Literatur im Prenzlauer Berg in privaten Wohnungen gepflegt. Daran vermochte auch die Ausbürgerung Wolf Biermanns im Jahr 1976 nichts zu ändern.

Unter dem Namen Berliner Lesebühnen treten Berliner Szeneliteraten jeden Samstag um 20 Uhr in der Alten Kantine der Kulturbrauerei auf (Knaackstr. 97, Prenzlauer Berg, www.kantinenlesen.de).

SEITENBLICK

Lesungen

Lesungen finden im **Literaturhaus** (Fasanenstr. 23, Tel. 887 28 60) und im **Buchhändlerkeller** (Carmerstr. 1, Tel. 791 88 97, www.buchhaendlerkeller.de) regelmäßig statt. Das **Literaturforum im Brecht-Haus** (Chausseestr. 125, Tel. 282 20 03) hat sich vor allem der zeitgenössischen Literatur verschrieben, ebenso die **Literaturwerkstatt Berlin** (in der Kulturbrauerei, Knaackstr. 97, Prenzlauer Berg, Tel. 485 24 50). Eine Institution ist auch das **Literarische Colloquium** (Zehlendorf, Am Sandwerder 5, Tel. 816 99 60). Ein schräger Literaturort ist das **Kaffee Burger** (Mitte, Torstr. 60, Tel. 28 04 64 95), hier gibt es spätabendliche, unkonventionelle Lesungen, und sonntags um 20.15 Uhr die legendäre Truppe »Reformbühne Heim & Welt«. **Der Literarische Salon** von Britta Gansebohm (www.salonkultur.de) ist ein Forum für junge Autoren und Gegenwartsliteratur; so mancher bekannte Autor hatte hier seinen ersten großen Auftritt u.a. in der Z-Bar, in deren Hinterzimmer generell spannende Lesungen und Kulturabende stattfinden (Bergstr. 2, Mitte, www.z-bar.de).

Feste & Veranstaltungen

Detaillierte Veranstaltungsinfos für das ganze Jahr erhält man bei der Berlin Tourismus Marketing GmbH, im Internet unter www.visitberlin.de. Viele Events wie die Filmfestspiele oder das Theaterfestival werden von den Berliner Festspielen organisiert: www.berlinerfestspiele.de

Von Ostern bis in den Frühherbst finden die Berliner Bezirks- und Straßenfeste statt.

Festkalender

Januar: Internationale Grüne Woche. Kulinarische Genüsse aus aller Herren Länder. **Berliner Sechstagerennen** im Velodrom an der Landsberger Allee. **Berlin Fashion Week** (auch im Juli) u.a. mit **Mercedes-Benz Fashion Week**, der **Premium** sowie der Street- und Urban-Wear-Modemesse **Bread & Butter** im ehemaligen Flughafen Tempelhof.

Ende Januar/Anfang Februar: Lange Nacht der Museen. Zahlreiche Museen und Institutionen sind bis nach Mitternacht geöffnet. **Transmediale**. Festival der digitalen Kultur.

Zwei Wochen im Februar: Internationale Filmfestspiele Berlin. Drittgrößtes Filmfestival der Welt.

März: MaerzMusik. Festival für aktuelle Musik. **ITB**. Weltgrößte Tourismusmesse.

April: Lange Nacht der Opern und Theater, wieder 2014.

Mai: Theatertreffen Berlin. Aufführung ausgewählter Inszenierungen deutschsprachiger Bühnen.

Ende Mai/Anfang Juni: Karneval der Kulturen. Viertägiges multikulturelles Straßenfest mit schillerndem großem Umzug in Kreuzberg.

Beim Karneval der Kulturen

Stimmungsvoller Weihnachtsmarkt am Gendarmenmarkt

Juni: Internationales Design Festival. Renommierte und junge Designer präsentieren ihre neuesten Produkte und Konzepte. **Fête de la Musique**. Musikevents in der ganzen Stadt. **Christopher Street Day**. Schwulen- und Lesbenparade durch die Innenstadt.

Juli: Classic Open Air. Klassik-Konzertwoche am historischen Gendarmenmarkt.

Ende Juli/Anfang August: Deutsches Traberderby.

August: Tanz im August. Internationales Tanzfestival.

Ende August: Lange Nacht der Museen. Viele Berliner Museen öffnen teils bis Mitternacht. **Internationale Funkausstellung**. Messe der Unterhaltungselektronik.

September: Internationales Literaturfestival. Bekannte und noch unbekannte Schriftsteller stellen ihre Werke vor.

Ende September: Berlin-Marathon. Über 40 000 Teilnehmer aus rund 120 Ländern sind jährlich am Start.

3. Oktober: Tag der Deutschen Einheit. Feiern zur Wiedervereinigung.

Ende Oktober–Anf. November: JazzFest Berlin. Seit fast 50 Jahren eine Institution.

Dezember: Weihnachtsmärkte u.a. auf dem Gendarmenmarkt, am Opernpalais, um die Gedächtniskirche, um das Spandauer Rathaus und in Rixdorf (Neukölln). **Silvesterparty** am Brandenburger Tor. Rund 1 Mio. Besucher jährlich.

Blaue Stunde am
Badeschiff in Treptow

TOP-TOUREN IN BERLIN

Historisches Zentrum

Das Beste!

- Einmal durchs Brandenburger Tor laufen und danach einen Kaffee im Hotel Adlon trinken › S. 66
- Ein Bummel durch die Friedrichstraße › S. 71
- Eine Vorstellung im Admiralspalast ansehen › S. 71
- Über den Gendarmenmarkt schlendern, Berlins schönsten Platz › S. 72
- Das Weltkulturerbe Museumsinsel besuchen › S. 77

› Karte
S. 68

Hier trifft man mit Brandenburger Tor, Gendarmenmarkt und Museumsinsel auf Architekturdenkmäler von Weltruhm.

Die historische Mitte der Stadt wird geprägt von großartigen Bauwerken von Weltrang und gehört zu den Höhepunkten eines Berlinbesuchs. Einen Tag sollte man sich für das historische Zentrum, das wie eh und je pulsierende Herz der Stadt, vornehmen – wer Museen besuchen möchte, sollte mindestens einen weiteren Tag einplanen.

Eingangstor zur historischen Mitte ist eine der Hauptsehenswürdigkeiten Berlins, das **Brandenburger Tor** und der dahinter gelegene **Pariser Platz** mit dem Hotel Adlon, der Amerikanischen und Französischen Botschaft sowie der Akademie der Künste.

Vom Brandenburger Tor führt die berühmte Allee **Unter den Linden** in Richtung Schlossplatz.

Die **Friedrichstraße** knüpft inzwischen schon fast wieder an ihre große Zeit als Einkaufs- und Vergnügungsmeile an. Immer mehr hochwertige Geschäfte haben sich in den letzten Jahren hier niedergelassen, und auch der Genuss kommt nicht zu kurz. In der nördlichen Friedrichstraße liegen mit dem Friedrichstadtpalast und dem Admiralspalast zwei berühmte Vergnügungstempel. Gut essen kann man z.B. rund um den **Gendarmenmarkt** mit Französischem und Deutschem Dom, dem wohl schönsten Platz der Hauptstadt.

Museumsinsel – so wird der nördliche Teil der Berliner Spreeinsel, der halbe Kilometer zwischen Lustgarten und Monbijoupark, wegen seiner fünf weltberühmten Kunsttempel genannt. Die kleine Welt inmitten der Hektik des Großstadtverkehrs strahlt viel Ruhe und Würde aus. Ein großer Teil der Bauten ist eingerüstet, die Umbau- und Sanierungsarbeiten werden sich noch lange hinziehen. 1999 wurde die Museumsinsel gleichwohl von der UNESCO zum Weltkulturerbe erklärt. In der kleinen grünen Oase des **Monbijouparks** kann man sich im Sommer gut erholen.

Prozessionsstraße von Babylon mit dem Ischtar-Tor im Pergamon-Museum

Französischer Dom mit Schillerdenkmal

Touren im historischen Zentrum

Tour 5 Vom Brandenburger Tor zum Schlossplatz

Tour-Übersicht:

Verlauf: ****Brandenburger Tor › *Holocaust-Mahnmal › Pariser Platz › *Unter den Linden › Friedrichstraße › **Gendarmenmarkt › Staatsoper › Schlossplatz**

Dauer: 4 Stunden

Praktische Hinweise:

- Ausgangspunkt ist der Pariser Platz vor dem Brandenburger Tor, der bequem mit der Ⓢ1 oder der Ⓢ2, 25 (Station »Brandenburger Tor«) zu erreichen ist, alternativ auch mit den Sightseeing-Buslinien 100 und 200.
- Mit diesen beiden Buslinien (Richtung Zoologischer Garten) kommt man vom Schlossplatz auch schnell zurück zum Pariser Platz.

1 Tour-Start: **Brandenburger Tor 1

Jahrzehntelang galt hier »Durchgang verboten« – die Mauer verlief in Sichtweite zum Brandenburger Tor. Als 1989 zwei Tage vor Weihnachten das erste Mauerstück am Tor fiel, wurde die Anlage zum Symbol und Wahrzeichen der wiedervereinigten Stadt.

Bei der Einweihung 1791 erhielt der Bau den Namen »Friedenstor«: Johann Gottfried Schadows Siegesgöttin bringt mit ihrer Quadriga den Frieden in die Stadt. Ein Relief zeigt den Zeus-Sohn Herakles als mythischen Wohltäter der Menschheit. Politischer Hintergrund der Darstellung ist die Huldigung Friedrichs des Großen als siegreichen Feldherren und Friedenskönig. Beim Entwurf des Sandsteintors hielt sich der Architekt Carl Gotthard Langhans an das Vorbild der Propyläen auf der Athener Akropolis. Damit leitete er die Zeit des Berliner Klassizismus ein, den Karl Friedrich Schinkel so glanzvoll zur Blüte bringen sollte.

Napoleon fand solchen Gefallen an dem Vierergespann, dass er es nach dem Sieg über Preußen 1807 als Beutegut nach Paris bringen ließ. In den Befreiungskriegen kam es 1814 nach Berlin zurück. Friedrich Wilhelm III. gab den Auftrag, das Eiserne Kreuz und den Preußenadler hinzuzufügen. Nach seiner Sanierung bleibt das Tor in beiden Richtungen für Fahrzeuge geschlossen, auch für Taxen und Busse in Ostrichtung. Freien Durchlass haben dagegen Fußgänger und Radler. Wer dem Großstadttrubel kurz entfliehen will, kann sich im Raum der Stille niederlassen (Brandenburger Tor, Nordflügel; www.raum-der-stille-im-brandenburger-tor.de). Erst-klassig

*Holocaust-Mahnmal 2

Südlich der Behrenstraße wurde 2005 mit dem Denkmal für die ermordeten Juden Europas die

Die DZ-Bank am Pariser Platz birgt eine begehbare Skulptur des Architekten Frank O. Gehry

zentrale Holocaust-Gedenkstätte Deutschlands eröffnet. Das von dem Amerikaner Peter Eisenman entworfene und mehrfach überarbeitete Mahnmal mit seinen rund 2700 Betonstelen auf 19 000 m² ist frei zugänglich. Der angeschlossene **Ort der Information** dokumentiert in unterirdischen Räumen die Stationen des Holocausts sowie Einzelschicksale (April bis Sept. Di–So 10–20 Uhr, Okt. bis März Di–So 10–19 Uhr, Eintritt frei, Einlass bis 45 Min. vorher; www.holocaust-denkmal-berlin.de).

Seit Mai 2008 erinnert im südlichen Tiergarten, direkt gegenüber dem Holocaust-Mahnmal, ein **Gedenkstein an die im Nationalsozialismus verfolgten Homosexuellen**. Entworfen wurde die Gedenkstele von dem in Berlin lebenden Künstlerduo Michael Elmgreen und Ingar Dragset. Im Inneren des Mahnmals läuft eine Filmprojektion mit einer scheinbar endlosen Kuss-Szene eines gleichgeschlechtlichen Paares; im Zwei-Jahres-Rhythmus wechseln sich Männer und Frauen ab (www.stiftung-denkmal.de).

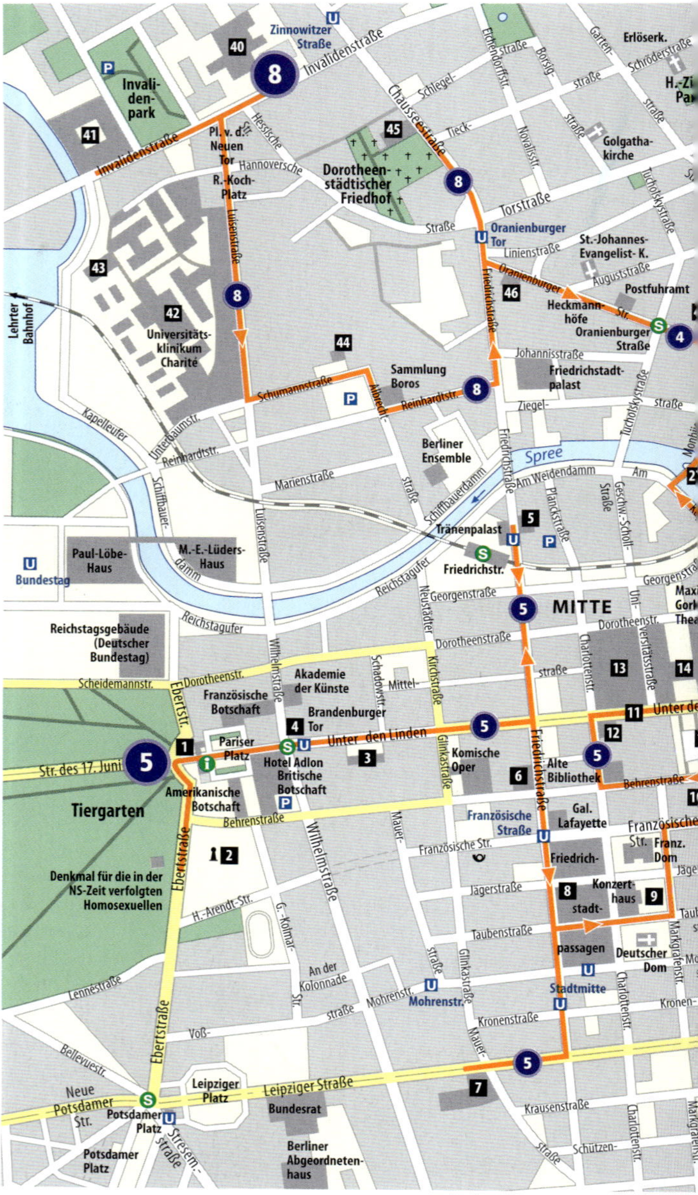
Zinnowitzer Straße
Invalidenstraße
40
8
Invaliden-park
P
41
Pl. v. d. Neuen Tor
Hessische Str.
R.-Koch-Platz
Hannoversche
45
Dorotheen-städtischer Friedhof
Chausseestraße
Schlegel-
Tieck-
Eichendorffstr.
Borsig-
Novalisstr.
Garten-
Erlöserk.
Schröderstraße
H.-Zi
Pa
straße
Golgatha-kirche
Tucholskystraße
Torstraße
Straße
Oranienburger Tor
Linienstraße
St.-Johannes-Evangelist-K.
Auguststraße
Oranienburger Str.
Postfuhramt
Heckmann-höfe
Oranienburger Straße
4
46
Friedrichstraße
Luisenstraße
43
42
Universitäts-klinikum Charité
Lehrter Bahnhof
44
Schumannstraße
Sammlung Boros
Albrecht-
Reinhardtstr.
Johannisstraße
Friedrichstadt-palast
Ziegel-
straße
Kapelleufer
Unterbaumstr.
Reinhardtstr.
Berliner Ensemble
Spree
Am Weidendamm
Am
Marienstraße
Schiffbauerdamm
Planckstraße
Geschw.-Scholl-Straße
Schiffbauer-damm
5
Tränenpalast
Friedrichstr.
Paul-Löbe-Haus
M.-E.-Lüders-Haus
Bundestag
Reichstagufer
Georgenstraße
Neustädter
MITTE
Reichstagsgebäude (Deutscher Bundestag)
Dorotheenstraße
Dorotheenstr.
Charlottenstr.
Universitätsstraße
13
14
Scheidemannstr.
Ebertstr.
Dorotheenstr.
Wilhelmstraße
Akademie der Künste
Schadowstr.
Mittel-
Kirchstraße
straße
Französische Botschaft
Brandenburger Tor
11
Unter de
12
Str. des 17. Juni
Pariser Platz
Unter den Linden
3
Komische Oper
6
Alte Bibliothek
Behrenstraße
Tiergarten
Hotel Adlon
Britische Botschaft
Amerikanische Botschaft
Glinkastraße
Behrenstraße
Mauer-
Französische Straße
Gal. Lafayette
Französische Str.
Franz. Dom
2
Französische Str.
Friedrich-
Jäger
Denkmal für die in der NS-Zeit verfolgten Homosexuellen
Ebertstraße
H.-Arendt-Str.
Jägerstraße
8
stadt-
Konzert-haus
9
Taubenstraße
passagen
Deutscher Dom
G.-Kolmar-Str.
An der Kolonnade
Markgrafenstr.
Lennéstraße
Mohrenstr.
Mohrenstr.
Glinkastraße
Stadtmitte
Kronen-
Voß-
straße
Kronenstraße
Ebertstraße
Bellevuestr.
Mauer-
7
Neue Potsdamer Str.
Leipziger Platz
Leipziger Straße
Krausenstraße
Potsdamer Platz
Bundesrat
Stresemann-straße
Potsdamer Platz
Berliner Abgeordneten-haus
Schützen-
Charlottenstr.
Markgrafenstr.

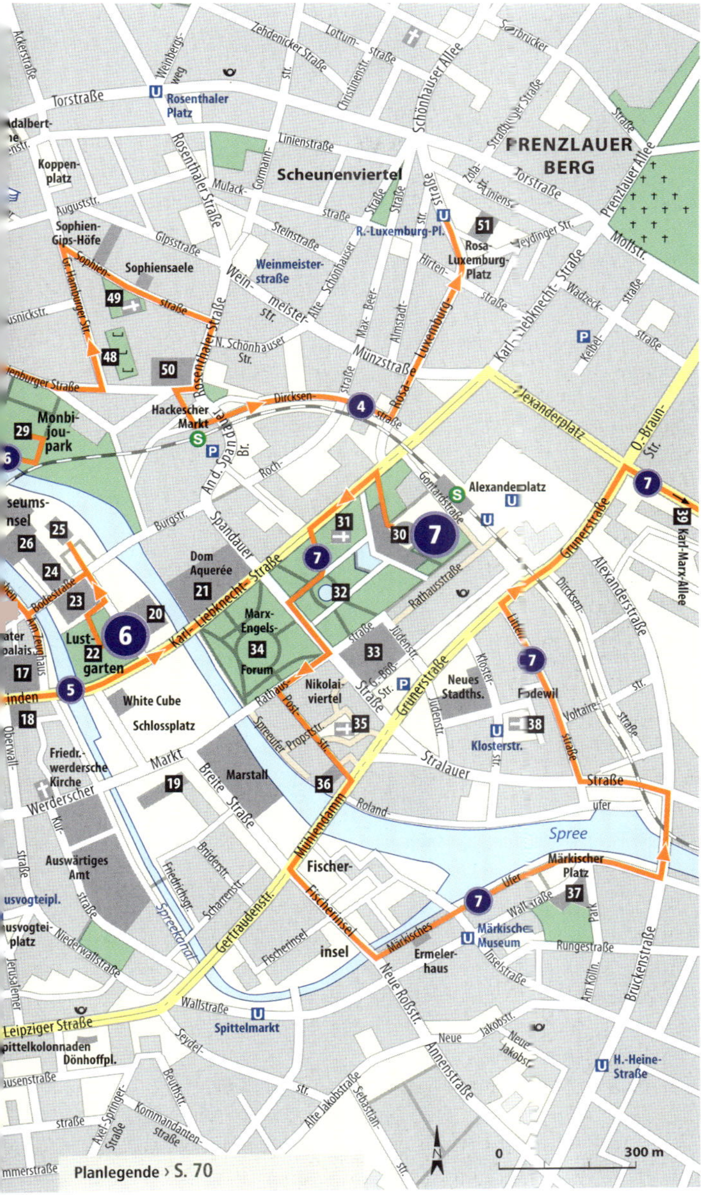

Planlegende › S. 70

› Karte S. 68

Pariser Platz

Vor dem Brandenburger Tor erstreckt sich der Pariser Platz. Für die Randbebauung einigte man sich auf einen historisierenden Baustil: nach außen traditionell, im Inneren architektonisch individuell – wie das **Haus Liebermann,** ehemals der Wohnsitz des Malers, heute Sitz der Stiftung Brandenburger Tor, und das **Haus Sommer.**

Daneben finden sich die Neubauten der Französischen Botschaft und gegenüber die Akademie der Künste. Den Innenhof der **DZ-Bank** nimmt eine begehbare Skulptur des Architekten Frank O. Gehry ein.

Das berühmte Nobelhotel **Adlon** am Südwestende, am alten Ort erbaut, knüpft mit üppiger Eleganz und exklusivem Service an die eigene Legende der wilhelminischen Kaiserzeit an. Es lohnt sich, hier wenigstens auf einen Kaffee und Kuchen einzukehren.

Zwischenstopp: **Restaurant**

Im **Theodor Tucher** (●●●) lässt es sich vor riesigen Bücherregalen angenehm speisen, z.B. Eisbein, Kartoffelsuppe oder Flusskrebseintopf. Auf der Galerie und im Literatensalon finden häufig Lesungen statt; interessante Auswahl an Berlin-Literatur. Im Sommer kann man im Innenhof tafeln.

- Pariser Platz 6a
- Tel. 22 48 94 64
- tgl. 7–23 Uhr

Touren im Zentrum

Tour 5

Vom Brandenburger Tor bis zum Schlossplatz

1 Brandenburger Tor
2 Holocaust-Mahnmal
3 Russische Botschaft
4 Madame Tussauds
5 Admiralspalast
6 The Westin Grand
7 Museum für Kommunikation
8 Friedrichstadt-Passagen
9 Gendarmenmarkt
10 St.-Hedwigs-Kathedrale
11 Reiterstandbild Friedrichs des Großen
12 Deutsche Bank KunstHalle
13 Staatsbibliothek
14 Humboldt-Universität
15 Staatsoper Unter den Linden
16 Neue Wache
17 Deutsches Historisches Museum
18 Prinzessinnen- und Kronprinzenpalais
19 DDR-Staatsratsgebäude
20 Berliner Dom
21 Dom Aquarée

Tour 6

Die Museumsinsel

22 Lustgarten
23 Altes Museum
24 Neues Museum
25 Alte Nationalgalerie
26 Pergamonmuseum
27 Bode-Museum
28 Galeriehaus am Kupfergraben
29 Monbijoupark

Touren in Mitte

Tour 7

Rund um den Alexanderplatz

30 Fernsehturm
31 Marienkirche
32 Neptunbrunnen
33 Rotes Rathaus
34 Marx-Engels-Forum
35 Nikolaikirche
36 Ephraimpalais
37 Märkisches Museum
38 Parochialkirche
39 Karl-Marx-Allee

Tour 8

Die nördliche Mitte

40 Museum für Naturkunde
41 Hamburger Bahnhof
42 Charité
43 Berliner Medizinhistorisches Museum
44 Deutsches Theater
45 Brecht-Weigel-Gedenkstätte
46 Kunsthaus Tacheles
47 Neue Synagoge
48 Alter Jüdischer Friedhof
49 Sophienkirche
50 Hackesche Höfe
51 Volksbühne

*Unter den Linden

1647 ließ der Große Kurfürst den Weg von seinem Schloss zum Jagdrevier im Tiergarten mit sechs Reihen von Linden und Nussbäumen bepflanzen und verlieh der Straße so ihren Namen. Schon zu Zeiten Friedrichs des Großen galt der Boulevard als Schaufenster von Berlin. Die Bäume wurden mehrfach gefällt – zuletzt 1936 für den U-Bahnbau anlässlich der Olympischen Spiele – aber jedes Mal wurden neue gepflanzt.

Den Auftakt der Allee bilden am Pariser Platz neue Bundestagsabgeordnetenbüros und die **Russische Botschaft** 3, ein Musterbau der Stalin-Ära, 1950 bis 1953 von einem deutsch-russischen Architektenkollektiv errichtet. Vorher stand hier das Gebäude der Russischen Gesandtschaft, die 1878 in die Schlagzeilen geriet, als in unmittelbarer Nähe ein Attentäter auf Kaiser Wilhelm I. geschossen hatte.

Erst-! klassig

Im ersten deutschen Madame Tussauds 4 sind rund 75 Wachsfiguren zu sehen. Um die Abbilder von Kaiserin Sissi, Marlene Dietrich, Boris Becker, Romy Schneider oder Angela Merkel zu sehen, muss man tiefer in die Tasche greifen: Erwachsene 19,90 €, Kinder 15,90 € (Unter den Linden 74, Tel.01 80/ 554 58 00, tgl. 10–19, letzter Einlass 18 Uhr).

Ein paar Häuser weiter blickt man vom **Berlin Moscow**, in dem sich Russland und Deutschland kulinarisch begegnen, durch Panoramafenster auf das Treiben Unter den Linden (Nr. 52, tgl. 8–24 Uhr).

Um Berlin, Brandenburg, Preußen und die DDR geht es im Buchladen **Berlin Story**. Über 3000 Buchtitel sind auf zwei Etagen zu finden, dazu Berlinbücher in verschiedenen anderen Sprachen (Tel. 20 45 38 42, Unter den Linden 40, Mo–Sa 10–19, So 10 bis 18 Uhr).

Friedrichstraße

An der Ecke Unter den Linden/ Friedrichstraße führt ein kleiner Abstecher nach Norden zum Admiralspalast 5 am Bahnhof Friedrichstraße (www.admiralspalast.de). Das Berliner Vergnügungstempel der vorletzten Jahrhundertwende wurde saniert und als Kulturadresse wiederbelebt.

Erst-! klassig

Wer die Friedrichstraße Richtung Süden abbiegt, trifft auf die Nobelherberge **The Westin Grand** 6, 1987 als Grand Hotel Berlin und Devisenbringer der DDR erbaut. Sein weniger anziehendes Äußeres steht im Kontrast zu seinem präch-

Der Admiralspalast

› Karte S. 68

tigen Inneren; besonders beeindruckend ist das sechsstöckige Atrium mit großer Freitreppe (www.westingrandberlin.com).

Einen Umweg wert ist das **Museum für Kommunikation** 7, das sich der Geschichte der Nachrichtenübermittlung widmet und in dem die »Blaue Mauritius« zu sehen ist (Leipziger Str. 16, Tel. 20 29 40, Di 9–20, Mi–Fr 9–17, Sa/So 10 bis 18 Uhr).

Die **Friedrichstadt-Passagen** 8 locken mit eleganten Geschäften. Erst-! klassig Magnetwirkung hat die Feinkostabteilung im Untergeschoss des Kaufhauses Galeries Lafayette. Ein unterirdischer Gang führt in das benachbarte Quartier 206 mit seinen Luxusgeschäften (Friedrichstraße 68).

2 **Gendarmenmarkt 9

Hinter den Friedrichstadtpassagen liegt der Gendarmenmarkt, der mit seinem Flair als der schönste Platz Berlins gilt. Würdevoll ruht das alte Schauspielhaus in der Mitte, links und rechts gerahmt vom Deutschen und Französischen Dom.

An warmen Sommerabenden sitzen die Besucher auf der Erst-! klassig großen Freitreppe vor dem Konzertgebäude und lassen sich von Straßenmusikanten auf den Abend einstimmen; ein musikalisches Muss ist das Classic Open Air-Festival › S. 61.

Seinen Namen verdankt der Gendarmenmarkt dem Umstand, dass hier Friedrich Wilhelm I. einst Wachgebäude und Stallungen für sein Kürassierregiment »Gens d'Armes« anlegen ließ. Die prächtige Gestalt erhielt er 1780 unter Friedrich dem Großen, der den bestehenden Kirchenbauten vom Anfang des 18. Jhs. die beiden Domtürme hinzufügen ließ.

Der **Französische Dom** wurde für die immigrierten Hugenotten errichtet, denen Ludwig XIV. Ende des 17. Jhs. in ihrer Heimat die freie Religionsausübung untersagt hatte. Über die Geschichte der »réfugiés« informiert das Hugenottenmuseum im Turmbau des Doms (Di–So 12 bis 17 Uhr). In der Kuppel erklingt das 60-teilige Glockenspiel (tgl. 10 bis 18 Uhr zur vollen Stunde). Einen schönen Ausblick bietet die Aussichtsplattform (tgl. 10–19 Uhr, 3 €). Im **Deutschen Dom,** dem architektonischen Pendant zum Französischen, dokumentiert die Ausstellung »Fragen an die deutsche Geschichte« die Entwicklung des deutschen Parlamentarismus ab 1800.

Das ehemalige Schauspielhaus zwischen den Dombauten, heute seiner neuen Funktion wegen ****Konzerthaus** genannt, ist ein Meisterwerk Karl Friedrich Schinkels. Einen künstlerischen Höhepunkt erlebte das Theater in den 30er-Jahren, als Gustaf Gründgens in Goethes »Faust« in seiner Rolle als Mephisto brillierte. Der Zweite Weltkrieg verwandelte das prächtige Gebäude in eine Ruine. Beim Wiederaufbau ab 1967 wurde nur das Äußere originalgetreu nachgebildet (Vorverkauf: Kasse Eingang Nordflügel, Tel. 203 09 21 01, www.konzerthaus.de, Mo–Sa 12–19, So/Fei 12–16 Uhr).

Exklusives Shopping im Quartier 206 in der Friedrichstraße

Zwischenstopp: Restaurants

Um den Gendarmenmarkt haben sich exklusive Restaurants angesiedelt, in denen man gut und teuer speist, u.a. **Aigner, Borchardt, Lutter & Wegner, Fischers Fritz** und **Vau** › S. 29.

Forum Fridericianum

Gleich nach seiner Thronbesteigung wollte Friedrich II. einen städtebaulichen Schwerpunkt schaffen. Mit seinem Jugendfreund Knobelsdorff konzipierte er das Forum Fridericianum, eine repräsentative Platzanlage. Zu ihm gehören das Opernhaus, die St.-Hedwigs-Kathedrale, die Alte (königliche) Bibliothek, heute die Jura-Bibliothek und gegenüber das Prinz-Heinrich-Palais, heute das Hauptgebäude der Humboldt-Universität. Nach starken Zerstörungen im Zweiten Weltkrieg wurde das Ensemble in den 1960er-Jahren originalgetreu rekonstruiert. Alle Gebäude liegen rund um den heutigen Bebelplatz.

Vom Gendarmenmarkt geht man zur sanierten **St.-Hedwigs-Kathedrale 10**, die durch das leuchtende Grün ihrer Kuppel auffällt. Sie gehört schon zur Gebäudegruppe des Forum Fridericianum und entstand 1747 nach Plänen Friedrichs des Großen und seines Hofarchitekten Georg Wenzeslaus von Knobelsdorff. Vorbild war das Pantheon in Rom, das als »Tempel aller Götter« für Friedrich ein Symbol der Toleranz gegenüber anderen Religionen war. Zum Gedenken an den großen Regenten errichtete man am Opernplatz 1851 das ***Reiterstandbild Friedrichs des Großen 11**, das als bedeutendstes Berliner Denkmal des 19. Jhs. gilt. Das Fundament ist mit Bronzefiguren bestückt: Von Leopold Fürst von Anhalt-Dessau bis hin zu Immanuel Kant und Gotthold Ephraim Lessing umgeben den Monarchen wichtige preußische Feldherren und Persönlichkeiten der Aufklärung.

› Karte S. 68

Deutsche Bank Kunst-Halle 12

Seit dem Frühjahr 2013 hat die Deutsche Guggenheim am selben Ort einen Nachfolger, die Deutsche Bank Kunsthalle. Gezeigt wird internationale Gegenwartskunst. Verschiedene Führungen werden kostenlos angeboten, so die »Daily Lectures«, tgl. 18 Uhr und die »Lunch Lectures«, Mi 13 Uhr. Mo 11–20 Uhr kann man sich zudem den Kurzführungen »I like Monday Lectures« anschließen (Unter den Linden 13–15, Tel. 20 20 930, www.deutsche-bank-kunsthalle.de, tgl. 10–20 Uhr, 4 €, erm. 3 €, Mo Eintritt frei).

Staatsbibliothek 13

Die Staatsbibliothek links daneben, 1903–1914 errichtet und im Zweiten Weltkrieg schwer beschädigt, wurde mit ihrer westlichen Schwestereinrichtung am Potsdamer Platz zusammengelegt. Sie führt u.a. den Altbestand, rund 6 Mio. Bücher, Noten, Karten und Handschriften, die vor 1945 erschienen sind, sowie laufende Zeitungen und Zeitschriften. Derzeit wird sie generalsaniert und um Neubaubereiche ergänzt; ab 2015 soll sie sich dann als eine mit modernster Technik ausgestattete Bibliothek präsentieren. Die neuen Lesesäle wurden bereits im Frühjahr 2013 eröffnet.

Humboldt-Universität 14

Direkt gegenüber der Staatsoper hat die Humboldt-Universität ihren Sitz. Das Gebäude wurde 1748 bis 1766 für Prinz Heinrich, den jüngeren Bruder Friedrichs des Großen, errichtet. Nach Heinrichs Tod wurde 1809 der Bau der ersten Berliner Universität auf Betreiben ihres Gründers Wilhelm von Humboldt zugesprochen. Den Ruf der Anstalt begründeten Geistesgrößen wie die Brüder Jakob und Wilhelm Grimm, Georg Wilhelm Friedrich Hegel, Albert Einstein und Max Planck.

*Staatsoper Unter den Linden 15

Das erste Gebäude, das Friedrich der Große in Auftrag gab, war die Staatsoper Unter den Linden (1741–1743). Das Haus, das Carl Gotthard Langhans 1843 nach einem Brand wieder aufbaute, war eine der ersten Adressen unter Europas Spielstätten. Hier sang Enrico Caruso, und Richard Strauss stand am Dirigentenpult. Friedrich hatte eine Vorliebe für die italienische Oper und verachtete deutschsprachigen Gesang. »Ein deutscher Sänger! Da möchte ich lieber mein Pferd wiehern hören«, soll er gesagt haben.

Das Opernhaus wird bis 2014 saniert. Bis dahin gastiert es im Schiller Theater an der Bismarckstr. 110 in Charlottenburg (www.staatsoper-berlin.org).

*Neue Wache 16

Friedrich Wilhelm III. gab 1816 Order, eine neue Wachstube zu bauen. Preußen war in Geldnot, Schinkel musste Seiten- und Rückwände in unverkleidetem Backsteinmauerwerk belassen. Geschickt verbarg er den Mangel in einem Kastanien-

Das Deutsche Historische Museum mit der Glasspindel von I. M. Pei

wäldchen. Der klassizistische Tempel fungiert heute als Zentrale Gedenkstätte der Bundesrepublik Deutschland für die Opfer von Krieg und Gewaltherrschaft. Im Innern ist die nachgebildete Pietà »Mutter und Sohn« von Käthe Kollwitz »Allen Opfern von Krieg und Gewalt« gewidmet (tgl. 10–18 Uhr). Das **Palais am Festungsgraben** hinter dem Wäldchen beherbergt das Theater im Palais (Tel. 201 06 93, www.theater-im-palais.de) und eine tadschikische Teestube. Erst-! klassig

*Deutsches Historisches Museum 17

Das einstige Zeughaus, der bedeutendste Barockbau Berlins direkt neben der Neuen Wache, ist Sitz des Deutschen Historischen Museums. Der Komplex diente ursprünglich als Waffenarsenal. Davon zeugen im Innenhof die 22 wertvollen Maskenköpfe sterbender Krieger, wichtige Werke europäischer Barockplastik des Architekten und Bildhauers Andreas Schlüter. Unter den 8000 Original-Exponaten der Dauerausstellung zu 2000 Jahren deutscher Geschichte befindet sich u.a. ein Hut von Napoleon und Hitlers Schreibtisch. In dem modernen gläsernen Erweiterungsbau von I. M. Pei werden Wechselausstellungen gezeigt (Unter den Linden 2, Tel. 20 30 40, www.dhm.de, tgl. 10–18 Uhr). Erst-! klassig

Prinzessinnen- und Kronprinzenpalais 18

Fast zierlich wirkt das **Prinzessinnenpalais** mit einer Bar, einem Café und Restaurants. Wegen der Nachbarschaft zum Musentempel wird es auch »Opernpalais« genannt.

› Karte S. 68

Blick in das Innere des Berliner Doms, in dem die Hohenzollerngruft zu sehen ist

Über einen Brückenbogen sind die Gemächer der Töchter Friedrich Wilhelms III. mit dem **Kronprinzenpalais** verbunden. Friedrich Wilhelm I. ließ 1732 das Privatgebäude als Wohnsitz für Kronprinz Friedrich herrichten. Die Palais wurden 1969 rekonstruiert, auf der Rückseite zur Oberwallstraße fügte man die Kopie eines Portals der zerstörten Schinkelschen Bauakademie ein.

Die **Friedrichswerdersche Kirche** dahinter enthält eine Abteilung der Nationalgalerie mit klassizistischen Marmorskulpturen der Berliner Bildhauerschule (tgl. 10–18 Uhr).

Schlossplatz

Von Schinkel stammen die Marmorstatuen auf der Schlossbrücke, die auf die Spreeinsel zum Schlossplatz führt. Hier veranlasste Walter Ulbricht 1950 die Sprengung des Hohenzollernschlosses, an Stelle des Ostflügels entstand der **Palast der Republik**, Tagungsort der DDR-Volkskammer, in dem das erste frei gewählte Parlament der DDR 1990 den Beitritt zur BRD besiegelte. 2006 begann der Abriss des »Volkspalasts«. Der Wiederaufbau des **Stadtschlosses** (Humboldt-Forum) ist inzwischen beschlossen. Die Bauarbeiten haben 2013 begonnen. In den Schloss-Ensemble nach Plänen des italienischen Architekten Franco Stella ist ein Kommunikations- und Kulturzentrum geplant, das sogenannte **Humboldt-Forum**. Darüber informiert bereits jetzt die Humboldt-Box am Schlossplatz (Tel. 018 05-03 07 07, www.humboldt-box.com, tgl. 10–20, im Winter 10–18 Uhr). **Erst-! klassig**

Am Südende des Platzes erstreckt sich das ehemalige **DDR-Staatsratsgebäude** 19. Zierde der nüchternen Fassade ist das eingebaute Portal IV des gesprengten Stadtschlosses. Von dessen Balkon soll Karl Liebknecht 1918 die Freie Sozialistische Republik ausgerufen haben.

**Berliner Dom 20

1894 beauftragte Kaiser Wilhelm II. Julius Raschdorff mit der Errichtung des gewaltigen Kuppelbaus des Berliner Doms. Zu besichtigen sind die Tauf- und Traukirche des Prachtbaus der Hohenzollern, das kaiserliche Treppenhaus, die Sarkophage des Großen Kurfürsten samt Gemahlin Dorothea, die Hohenzollerngruft und der Kuppelumgang (kein Fahrstuhl!), von dem aus man einen schönen Blick auf die historische Mitte Berlins hat (Tel. 20 26 91 36, Mo–Sa 9–20, So/Fei 12–20, Winter bis 19 Uhr).

Erst-klassig

Sea Life und DDR-Museum 21

Maritimes Leben birgt im Hotel- und Bürohaus Dom Aquarée das **AquaDom & Sea Life**, ein Riesenaquarium, durch das ein Panoramaaufzug fährt (Spandauer Str. 3, Tel. 0 18 05/66 69 01 01 und 99 28 00, www.visitsealife.com, Erw. 17,50 €, Kinder 12,50 €, tgl. 10–19 Uhr).

In der Nachbarschaft lässt das **DDR-Museum** 40 Jahre Sozialismus Revue passieren (Karl-Liebknecht-Str. 1, Tel. 847 12 37 31, www.ddr-museum.de, tgl. 10–20, Sa –22 Uhr). Stärken kann man sich im Haus im DDR-Restaurant Domklause.

Tour 6 ***Museumsinsel

3

Tour-Übersicht:

Verlauf: ***Lustgarten › Monbijoupark › *Altes Museum › Neues Museum › **Alte Nationalgalerie › ***Pergamonmuseum › *Bode-Museum**

Dauer: 2 Std. (ohne Museumsbesuche) bis 2 Tage

Praktische Hinweise:

- Verkehrsanbindung besteht durch S-Bahn (Station Hackescher Markt), U-Bahn (Station Weinmeisterstraße), verschiedene Straßenbahnlinien sowie die Buslinien 100 und 200.
- Öffnungszeiten: tgl. 10–18 Uhr, Do 10–20 Uhr.
- In den Museen und den Touristeninformationen › S. 161 ist der **Berliner Museumspass** erhältlich, eine Drei-Tage-Karte für über 50 Museen für 24 €.
- Infos und Anmeldung zu den **Führungen** für alle Häuser auf der Museumsinsel: Tel. 266 42 42 42 (Mo–Fr 9–16 Uhr), service@smb.museum.de oder per Post an Besucher-Dienste, Genthiner Str. 38, 10785 Berlin.

Tour-Start: *Lustgarten 22

Das Entree zur Museumsinsel ist der Lustgarten mit der großen runden Granitschale, die Schinkel 1830 aus einem Findling hatte schleifen lassen. Ursprünglich war das Terrain eine zum ehemaligen Stadtschloss gehörende Grünanlage mit einem Gewürzgarten. Schon der Große Kurfürst ließ hier seine Kräuter züchten. Doch Friedrich Wilhelm I., genannt der Soldatenkönig, machte einen staubigen Paradeplatz daraus.

Drei Königsgenerationen später gestaltete der große preußische Gartenarchitekt Peter Joseph Lenné hier einen wunderschönen Park, der zum Treffpunkt der Berliner Bevölkerung wurde. 1934 hatten die Nationalsozialisten nichts Eiligeres zu tun, als den Platz mit großen Natursteinplatten zu pflastern und ihn für Kundgebungen und Aufmärsche zu nutzen; dasselbe tat der Ostberliner Magistrat.

Inzwischen veränderte der Lustgarten wieder sein Gesicht und sieht so aus, wie ihn einst Karl Friedrich geplant hatte: Die weiten Rasenflächen sind von Hecken gesäumt.

*Altes Museum 23

Das Museum wurde ab 1825 unter Leitung von Karl Friedrich Schinkel erbaut. Mit seinen 18 ionischen Säulen und der Freitreppe an der Vorderseite gehört es zu den bedeutendsten klassizistischen Bauwerken. Dass es im Zweiten Weltkrieg niederbrannte und 1966 neu aufgebaut wurde, sieht man ihm heute nicht an. Das Museum beherbergt die Antikensammlung mit Kunst der Griechen und Römer.

Neues Museum 24

Nach Schinkels Plan verband ein Bogengang ursprünglich Altes und Neues Museum. Das einst strahlend schöne Gebäude wurde durch den Zweiten Weltkrieg zur Ruine und von der DDR nur behelfsmäßig gesichert.

Der Italiener Georgio Grassi hatte den ersten Wettbewerb zum Wiederaufbau gewonnen. Nach heftigen Kontroversen und diversen Überarbeitungen leitet jetzt der britische Architekt David Chipperfield die Neugestaltung auf der Museumsinsel. Ein Ergänzungsbau soll alle Service-Einrichtungen aufnehmen und zum zentralen Eingang werden. Eine »archäologische Promenade« soll die einzelnen Museumsbauten unterirdisch verbinden. Das Neue Museum wurde aufwändig restauriert und ist jetzt Heimat des Ägyptischen Museums und der Papyrussammlung sowie des Museums für Vor- und Frühgeschichte inklusive Objekten der Antikensammlung.

Erst-klassig

**Alte Nationalgalerie 25

Die Alte Nationalgalerie, früher einfach Nationalgalerie genannt, musste sich nach 1990 den Zusatz gefallen lassen, damit sie nicht mit der Neuen Nationalgalerie des Kulturforums › S. 108 verwechselt wird. Die umlaufenden Kolonnaden, teilweise direkt am Wasser, strukturieren das Areal um das stolze, tempelähnliche Gebäude (1876 eröffnet): Bei der aufwändigen Generalsanierung wurde es von diversen Einbauten befreit und technisch auf den neuesten Stand gebracht.

Seit der Wiedereröffnung wird hier die Malerei des 19. Jhs. ausgestellt, ergänzt durch die Galerie der

SPECIAL

Tempelareal des Geistes

In den 20er-Jahren des 19. Jhs. wurden Räume für die Königliche Kunstsammlung Friedrich Wilhelms III. benötig. Das Resultat war ein Ensemble aus fünf Museumstempeln – Altes Museum, Neues Museum, Alte Nationalgalerie, Pergamonmuseum und Bodemuseum.

Die überwältigende Fülle der Exponate auf der Museumsinsel reicht von Zeugnissen der alten Hochkulturen der Welt über frühchristlichen Byzantinismus und barocke Pracht bis hin zur deutschen und europäischen Kunst des 19. Jhs. Seit 1992 sind die Ost- und Westberliner Sammlungen unter dem Dach der »Staatlichen Museen zu Berlin – Preußischer Kulturbesitz« vereint. Die Bestände der Museumsinsel wurden dabei thematisch mit dem Kulturforum sowie den Museen in Charlottenburg und Dahlem abgestimmt.

Diese Neuordnung im Rahmen eines Masterplans für die Museumsinsel soll bis 2015 umgesetzt werden; während der Umbau-, Sanierungs- und Erweiterungsbauten bleiben einzelne Häuser oder Abteilungen geschlossen.

Nach Abschluss der Arbeiten soll die Museumsinsel die Kunst und Kultur von über 6000 Jahre Menschheitsgeschichte präsentieren.

Zudem werden Freiflächen auf der Museumsinsel neu gestaltet und Höfe für die Besucher geöffnet. Auch in Zukunft wird die Museumsinsel im Sommer zu einer beeindruckenden Kulisse für zahlreiche Open-Air-Veranstaltungen wie Konzerte und Kino.

Romantik aus dem Schloss Charlottenburg mit ihrer beeindruckenden Sammlung von Gemälden Caspar David Friedrichs (Mo geschlossen).

Erst-! klassig

***Pergamonmuseum 26

Der Gebäudekomplex des Pergamonmuseums wurde 1912–1930 von Alfred Messel und Ludwig Hoffmann im neoklassizistischen Stil errichtet, die Vorhalle kam 1981 hinzu. Seit 2008 wird das Haus im laufenden Betrieb abschnittsweise saniert und soll um einen vierten Flügel erweitert werden.

Hauptattraktionen des Museums sind der weltberühmte Pergamonaltar und das Markttor von Milet. Der Pergamonaltar wurde zwischen 1878 und 1886 von dem deutschen Ingenieur Carl Humann in mehreren Grabungen freigelegt. Der Altar stammt vom 300 m hohen Burgberg von Pergamon an der Westküste Kleinasiens. Dort erbauten die Attalidenherrscher in der Zeit von 180 bis 159 v. Chr. diesen riesigen Marmoraltar als Weihgabe für die Götter. Seine Aufstellung in einem Museum verlangte einen großen Raum mit Oberlicht. Das Museum erlangte internationalen Ruhm nicht nur durch diese außergewöhnlichen Exponate, die beide im Mitteltrakt des hufeisenförmigen Gebäudes aufgebaut sind, sondern auch durch ihre gelungene betrachterfreundliche Präsentation.

Erst-! klassig

Im Grunde sind vier Einzelmuseen im Pergamonmuseum untergebracht: Der linke und mittlere Gebäudeflügel zeigen Teile der Antikensammlung; das Haupt- und Obergeschoss des rechten Flügels die Schätze des Vorderasiatischen Museums und des Museums für Islamische Kunst (z.B. die bunte Prozessionsstraße von Babylon mit dem Ischtar-Tor) sowie das (antike) Münzkabinett.

Erst-klass

*Bode-Museum 27

An der Nordspitze der Museumsinsel erhebt sich der neobarocke Bau des Bode-Museums über der Spree. Ursprünglich Kaiser-Friedrich-Museum getauft, wurde es später nach dem damals bedeutendsten deutschen Museumsfachmann und Kunsthistoriker Wilhelm von Bode benannt, der den Bau des Hauses 1897 bei Kaiser Wilhelm II. durchgesetzt hatte. Bode führte hier das so genannte Epochenprinzip ein, nach dem Bilder, Skulpturen und Mobiliar aus jeweils einer Ära zusammen gezeigt werden. In das Museum eingebaut ist das Modell einer Basilika nach dem Vorbild von San Salvatore al Monte in Florenz.

Nach fast siebenjährigen Renovierungsarbeiten kann man unter dem Dach des Bode-Museums seit Oktober 2006 die Skulpturensammlung und das Museum für Byzantinische Kunst, das Münzkabinett (v.a. Mittelalter) sowie Werke der Gemäldegalerie besichtigen (Mo geschl.).

Galeriehaus am Kupfergraben 28

Sei 2007 hat Berlins Galerieszene gegenüber der Museumsinsel ein neues Vorzeigeobjekt. Der britische Architekt David Chipperfield er-

Im Bode-Museum

richtete für den Sammler Heiner Bastian ein privates Galeriehaus. Auf vier Etagen wird erstklassige Kunst gezeigt – unten durch die für ihre Gegenwartskunst auch international bekannte Galerie Contemporary Fine Arts (Di–Fr 11–18, Sa 11–16 Uhr), oben die Sammlung des Hausherrn (Do/Fr 11–17, Sa 11–16 Uhr, Am Kupfergraben 10, Tel. 288 78 70). Am Kupfergraben und Am Zeughaus können Sie zwischen Pergamonmuseum und Deutschem Historischen Museum (Sa/So 11–17 Uhr) am Erst-! klassig Berliner Kunst- und Nostalgiemarkt in Kunsthandwerk, Nippes und Trödel stöbern – in schöner Atmosphäre an der Spree.

Monbijoupark 29

Wer nach der trockenen Museumsluft Erholung sucht, geht über die Monbijoubrücke in die große Parkanlage, in der es sogar ein idyllisches Sommerbad nur für Kinder gibt.

Hier stand das 1958 abgerissene Schloss Monbijou, zu deutsch »Mein Juwel«. Kronprinzessin Sophie Dorothea erhielt es von ihrem Gemahl Friedrich Wilhelm I. zum Geschenk. Vor kurzem wurde der Park mit einer breiteren Uferpromenade und einem Brunnen verschönert.

Im Sommer wird im Monbijoupark Shakespeare »open air« aufgeführt, nebenan kann man in der Strandbar Mitte entspannen. Erst-! klassig

Nach einigen Jahren auf einer provisorischen Bühne hat das **Hexenkessel Hoftheater** nun mit dem Amphitheater eine feste Open-Air-Spielstätte. Der hölzerne Theaterbau wurde nach italienischem Renaissancevorbild mit einem Durchmesser von 22 m und einer Höhe von 6 m gestaltet (Tel. 288 86 69 99, www.amphitheater-berlin.de).

Mitte

Das Beste!

- Hoch oben vom Fernsehturm auf Berlin hinabschauen › S. 84
- Im Märkischen Museum die Geschichte Berlins studieren › S. 86
- Moderne Gegenwartskunst im Hamburger Bahnhof auf sich wirken lassen › S. 89
- Dem schicken Charme der Hackeschen Höfe verfallen › S. 93

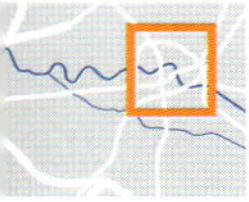

Außer Alexanderplatz und Nikolaiviertel lockt moderne Kunst zwischen Hamburger Bahnhof und Hackeschem Markt.

In den 1920er-Jahren pulsierte rund um den **Alexanderplatz** das großstädtische Leben. Die vitale Stimmung, die Alfred Döblin in seinem Roman »Berlin Alexanderplatz« beschreibt, wird wohl kaum wieder aufleben. Der Zweite Weltkrieg hinterließ hier eine Trümmerwüste, die die DDR-Oberen abräumen ließen, um das Areal für ihre Aufmärsche und Truppenparaden zu nutzen.

Eines aber hat sich nicht geändert: Verkehrsknotenpunkt ist der »Alex« nach wie vor. Der Platz war also in den letzten Jahren alles andere als Berlins gute Stube. Das soll sich ändern, rund um den Platz wird fleißig gebaut, und das neue Einkaufszentrum Alexa hat sich schnell zu einem Besucher-Magneten entwickelt – auch wenn es von außen alles andere als hübsch aussieht, wie der Regierende Bürgermeister Wowereit feststellte.

Auch das **Nikolaiviertel** ist nicht unumstritten. Für die einen reizvoll, ist es für die anderen ein historisierender Abklatsch eines Altstadt-Viertels. Aber die vielen Restaurants und Kneipen in der Gegend bieten sich hervorragend für eine Verschnaufpause an.

Unweit davon schlägt im Roten Rathaus das politische Herz Berlins, hier hat der Regierende Bürgermeister seinen Sitz. Die Parade der sozialistischen Prachtbauten im Zuckerbäckerstil können Sie in der ca. 2 km langen **Karl-Marx-Allee** zwischen Strausberger Platz und Frankfurter Tor »bewundern«.

In der **nördlichen Stadtmitte** zieht es Kulturfans besonders in den Hamburger Bahnhof. Abseits des Kunst-Mainstreams lohnt auch eine Entdeckungsreise durch die zahlreichen kleinen Galerien.

Vibrierendes Zentrum von Mitte ist zumindest für die junge Szene die Gegend rund um die **Oranienburger Straße** und den **Hackeschen Markt**. Hier hat sich in den letzten Jahren viel verändert, wurden bröckelnde Fassaden herausgeputzt und haben Szenegänger ein Revier gefunden. Besonders im Sommer brodelt in dem Viertel das Straßenleben. Cafés und Restaurants wird man unterwegs in großer Auswahl finden. Langsam setzt hier bereits die nächste Verdrängungswelle ein. Restaurants und Cafés müssen mancherorts den Shops bekannter Marken und Verkaufsketten weichen, zudem siedeln sich immer mehr reine Touristenrestaurants an.

In dem Viertel kann gut der Werdegang jüdischen Lebens nachvollzogen werden: in der Neuen Synagoge, im Centrum Judaicum oder auf dem Alten Jüdischen Friedhof.

Der Alexanderplatz mit der Weltzeituhr im Vordergrund

Touren in Mitte

Tour 7 Rund um den Alexanderplatz

Tour-Übersicht:

Verlauf: **Fernsehturm** › ***Rotes Rathaus** › ***Nikolaiviertel** › **Märkisches Museum** › **Karl-Marx-Allee**

Dauer: 4–6 Stunden

Praktische Hinweise:

- Start- und Endpunkt ist der Bahnhof Alexanderplatz, an dem sich zahlreiche U- und S-Bahnlinien kreuzen.
- Für den Ausflug zur Karl-Marx-Allee, wo die frühsozialistischen Arbeiterpaläste in ihrer Monumentalität beeindrucken, fährt man vom »Alex« am besten zwei Stationen zum Strausberger Platz mit der Ⓤ5 Richtung Hönow.

Tour-Start:

Am Alex wird neu gebaut. Damit soll der recht triste Platz in den nächsten Jahren ein neues Gesicht erhalten. Bereits etabliert hat sich das **Einkaufszentrum Alexa** mit 180 Geschäften und einem Food Court. Im Alexa gibt es den Alexanderplatz, den Fernsehturm oder den Hackeschen Markt im Westentaschen-Format bei LOXX – Miniatur Welten Berlin zu bestaunen. Auf 3000 m^2 präsentiert sich die Hauptstadt in geschrumpfter Form (www.loxx-berlin.de, Tel. 44 72 30 22, tgl. 10–20 Uhr).

Erst-! klassig

Fernsehturm 30

Der Fernsehturm ist mit seinen 365 m das höchste Berliner Bauwerk. Er entstand 1969 als östliches Pendant zum Funkturm am Messedamm. Bei Sonnenschein erscheint ein Lichtkreuz auf der in Nirosta glänzenden Außenhaut der Aussichtskugel. Zu atheistischen DDR-Zeiten soll alles versucht worden sein, das Kreuz zu beseitigen – doch ohne Erfolg. Im Obergeschoss der Eingangshalle gibt es eine Galerie mit wechselnden Ausstellungen, die bei freiem Eintritt besichtigt werden können. Das sich drehende Telecafé (●●) in 207 m Höhe erlaubt einen einmaligen Rundblick über ganz Berlin bis weit ins Brandenburger Umland (Tel. 247 57 50, www.tv-turm.de, März bis Okt. 9–24, Nov. bis Feb. 10–24 Uhr, Aufzugsfahrt auf die Aussichtsplattform und zum Café: Erw. 11 €, Kinder bis 16 J. 7 €),

Erst-! klassig

*Marienkirche 31

Unproportioniert wirkt der gigantische Betonturm im Verhältnis zu der zierlichen Marienkirche an der Karl-Liebknecht-Straße. Mitte des 13. Jhs. entstand der Bau, der in den nachfolgenden Jahrhunderten mehrmals verändert wurde. Der entscheidende Eingriff geschah 1790 mit dem Aufsatz des neogotischen Turmhelms durch Carl Gotthard Langhans, den Erbauer des Brandenburger Tores. Von den Schätzen im Innern ist der »Totentanz« hervorzuheben, ein spätgotisches Fresko von kunsthistorischer Bedeutung.

Auf dem Platz an der Marienkirche sprudelt der **Neptunbrunnen** 32, ein phantasievolles Zeugnis der neubarocken Kunst eines Reinhold Begas. Der bärtige Neptun thront in der Mitte auf einem Felsblock, umgeben von seinem Nymphen-Hofstaat.

*Rotes Rathaus 33

Auf der anderen Seite der Rathausstraße erhebt sich das Rote Rathaus, offiziell Berliner Rathaus. Seit 1991 ist es wieder Sitz des Regierenden Bürgermeisters von Berlin. Der Name geht auf die rote Klinkerbauweise zurück. Stilistisch ist das Gebäude aus der zweiten Hälfte des 19. Jhs. von der Renaissance-Auffassung italienischer und flandrischer Rathäuser beeinflusst. Außen illustriert ein umlaufender Terrakottafries die Berliner Geschichte von ihren Anfängen bis zur Reichsgründung 1871. In der Vorhalle haben sich alle 23 Berliner Bezirkswappen in leuchtendem Fensterglas erhalten (Rathausstr. 15, Tel. 90 26-0, Mo–Fr 9–18 Uhr, außer bei Veranstaltungen). Zu besichtigen ist das Rathaus auch während der »Langen Nacht der Museen« im Feb./März und August (www.lange-nacht-der-museen.de).

Marx-Engels-Forum 34

Einsam und allein auf der begrünten Weite des Marx-Engels-Forums findet sich das Doppelstandbild von Karl Marx und Friedrich Engels. Unerschütterlich blicken die beiden Väter des Kommunismus – Engels stehend, Marx sitzend – gemeinsam gen Osten.

*Nikolaiviertel

Im Nikolaiviertel, in dem sich reizvoll Häuser mit Giebeln und Erkern und mit nostalgischem Charme ducken, scheint die Zeit stehen geblieben zu sein. Etliche originelle Geschäfte laden zum Einkaufsbummel ein. Hier stand Berlins älteste Ansiedlung. Schon 1228 erhob sie Markgraf Johann I. zur Stadt. Im Zweiten Weltkrieg wurde das alte Herz Berlins fast vollkommen zerstört, in den 1980er-Jahren nach dem Vorbild historischer Bürgerhäuser neu gebaut und saniert – zuweilen mit der guten alten Platte und nicht immer ganz gelungen.

Das Rote Rathaus

Zwischenstopp: **Restaurant**

Zur Gerichtslaube ●●

Erst-klassig

Traditionsgaststätte mit Berliner und Brandenburger Spezialitäten.

- Poststr. 28
- Tel. 241 56 98
- tgl. ab 11.30 Uhr

*Nikolaikirche 35

Über die Dächer des Viertels ragen die Zwillingstürme der Nikolaikirche. Der Vorgängerbau, dessen Form durch Grabungen bekannt ist, entstand um 1230, nachdem deutsche Siedler sich hier niedergelassen hatten. Man kann deshalb vom ältesten christlichen Gotteshaus Berlins sprechen. Nach einem Brand folgte 1380 der heutige Feldsteinbau, doch erst 1877 konstruierte Baustadtrat Hermann Blankenstein die Backsteintürme dazu. Die im Zweiten Weltkrieg schwer zerstörte und anschließend wieder aufgebaute Kirche wurde jetzt umfassend saniert. Seit Frühjahr 2010 ist sie mit neuer Ausstellung zur Geschichte der Kirche und Berlins zu besichtigen (tgl. 10–18 Uhr).

*Ephraim-Palais 36

Die Ecke Poststraße/Mühlendamm prägt das Ephraimpalais, das sich der Hofjuwelier Veitel Heine Ephraim 1764 erbauen ließ. Die stilvoll abgerundete Ecke des Hauses galt als etwas Besonderes. Man nannte sie »die schönste Ecke Berlins«. Wegen der Erweiterung der Mühlendammbrücke musste das Rokokogebäude 1935 abgetragen werden. 1987 wurde es, örtlich versetzt, wieder aufgebaut. Das Haus beherbergt jetzt als Museum die **Graphische Sammlung des Stadtmuseums** und zeigt wechselnde Ausstellungen zur Kunst- und Kulturgeschichte Berlins (Poststr. 16, Tel. 24 00 21 62; Di, Do–So 10–18, Mi 12–20 Uhr).

Märkisches Museum 37

Das Märkische Museum wartet nahe dem Spreeufer mit seiner umfangreichen Sammlung zur Geschichte Berlins und Brandenburgs auf. Es wurde 1874 auf Anregung von Rudolf Virchow und Ernst Friedel errichtet. Eine facettenreich konzipierte Dauerausstellung ist der bewegten Geschichte Berlins gewidmet; Thema: »… schaut auf diese Stadt«. Wechselausstellungen ergänzen diese Präsentation. Eine besondere Rarität ist die Sammlung mechanischer Musikinstrumente, der sog. Automatophone, die für das Publikum sonntags um 15 Uhr gespielt werden.

Erst-klassig

Ludwig Hoffmann leitete 1907 die Erbauung des Komplexes vornehmlich aus rotem märkischem

SEITENBLICK

Velotaxis

In den wärmeren Jahreszeiten sind in der Berliner City die Velotaxis unterwegs – knuffige »Eier« auf Rädern, eine Art moderne Fahrradrikscha. Sie verkehren auf vier festen Linien (Unter den Linden, Potsdamer Platz, Tiergarten und Ku'damm), können aber auch für Individualtouren als Taxi gemietet werden (Tel. 01 78-800 00 41, www.velotaxi.de, Ende März–Okt.).

Backstein. Eine interessante Besonderheit ist das Zusammenspiel von Architektur und Ausstellungsinhalten. Ein Gebäudeteil ähnelt dem Schiff der Katharinenkirche in Brandenburg und der sich anschließende Turm dem Bergfried der Bischofsburg in Wittstock. Eindrucksvoll die »Gotische Kapelle« mit ihrer reichen Sammlung mittelalterlicher Skulpturen und die rekonstruierte »Große Halle«. Sie ist 14 m hoch und ähnelt der Gestalt eines Kirchenschiffs (Am Köllnischen Park 5, Tel. 24 00 21 62, Di bis Fr 10–18 Uhr, jeden ersten Mi im Monat Eintritt frei).

Parochialkirche 38

Über die Jannowitzbrücke erreicht man die Klosterstraße, wo sich Berlins bedeutendstes barockes Gotteshaus erhebt. Der schöne Zentralbau nach holländischem Vorbild wurde 1695–1703 nach Plänen von Johann Arnold Nering erbaut. Seit 1715 ertönte über zwei Jahrhunderte lang in dem von Jean de Bodt entworfenen Turmaufsatz halbstündlich ein Glockenspiel. Die Tradition der Klangkunst wird mit regelmäßigen Veranstaltungen fortgesetzt.

In der Nachbarschaft ist ein Rest der mittelalterlichen Berliner Stadtmauer zu sehen. Der Feld- und Backsteinschutzwall gegen Überfälle stammt aus dem 14. Jh. (tgl. ab 10 Uhr bis zur Dämmerung).

*Karl-Marx-Allee 39

Die Karl-Marx-Allee zwischen Alexanderplatz und Frankfurter Tor gilt als ein Renommierprojekt der

Nightlife in Berlin

Erst-klassig

- **Weekend** › S. 45
  Einer der angesagtesten Clubs mit entsprechender Türpolitik.
  Alexanderplatz 5 | Mitte
  Do–Sa ab 23 Uhr
- **Victoria Bar** › S. 45
  Erstklassige Cocktails, stilvolles Design und angenehmes Publikum – eine der beliebtesten Bars.
  Potsdamer Str. 102 | Tiergarten
  So–Do 18.30–3 Uhr,
  Fr und Sa 18.30–4 Uhr
- **Spindler & Klatt** › S. 45
  Stylishes Clubrestaurant mit Dinner am früheren und Dancefloor am späteren Abend.
  Köpenicker Str. 16-17 | Kreuzberg
  Dinner Do–Sa ab 20 Uhr,
  im Sommer tgl. ab 20 Uhr
  Clubbing Fr/Sa ab 23 Uhr
- **Amber Suite**
  Gute Adresse für etwas ältere Nachtschwärmer, die das Tanzbein schwingen wollen. Einlass ist erst ab 27 Jahren.
  Mariendorfer Damm 1 | Tempelhof
- **Felix** im Adlon-Palais
  Exklusives Club-Restaurant mit kosmopolitischer Atmosphäre, edel designtem Interieur und schicken Gästen.
  Behrenstraße 72 | Mitte
  www.felix-clubrestaurant.de
- **Havanna** › S. 45
  Auf vier Dancefloors werden die Tanzwütigen mit karibischen und lateinamerikanischen Rythmen wie Salsa und Merengue unterhalten.
  Hauptstraße 30 | Schöneberg
  Mi ab 21 Uhr, Fr, Sa ab 22 Uhr

Beeindruckend: Zuckerbäckerbauten in der Karl-Marx-Allee

frühen monumentalen DDR-Architektur. Die großen Wohnblocks stammen von 1949 bis 1960. Die prächtigsten Gebäude stehen zwischen dem Strausberger Platz und dem Frankfurter Tor.

Bar

CSA Bar

Bar im 60er-Jahre-Look – gute Cocktails.
- Karl-Marx-Alle 96 | Friedrichshain
- Tel. 29 04 47 41
- tgl. ab 18 Uhr

SEITENBLICK

Sozialistischer Boulevard im Zuckerbäckerstil

Fürstliche 90 m ist die Karl-Marx-Allee breit. Den östlichen Auftakt zu dieser Straße bilden die beiden imposanten Rundtürme am Frankfurter Tor. Das Ganze mündet in das Rund des Strausberger Platzes mit dem Brunnen in der Mitte. Als Prachtboulevard im Wartestand, so konnte man diesen Teil der vormaligen Stalinallee lange Zeit bezeichnen. Die Fliesen fielen von den Fassaden, Läden standen leer, waren mit Brettern vernagelt. 1994 wurde der denkmalgeschützte Straßenzug mit den hoch aufragenden Wohngebäuden an die Deutsche Pfandbriefbank verkauft. Die Mammutsanierung lässt die alte Schönheit der Nobelmeile wieder erkennen. Entstanden ist der 1,7 km lange Abschnitt in den 1950er-Jahren auf Grundlage des »Nationalen Aufbauwerks«, das die DDR verkündet hatte. Von dieser Großbaustelle ging u.a. der Arbeiter-Aufstand am 17. Juni 1953 aus.

Die Stilmischung aus Schinkelschem Klassizismus und sowjetischer Zuckerbäckerdekoration machte trotzdem Furore. Ein feudales Zuhause bekamen die Arbeiter hier: Die über 5000 Wohnungen sind großzügig bemessen und ausgestattet. Ältere Anwohner berichten noch heute gern von den Hausfesten, die in der Hochstimmung der Anfangszeit stattfanden. Und Chefarchitekt Hermann Henselmann zeigte später Verbitterung darüber, dass er aus Kostengründen so nicht bis zum Alexanderplatz weiterbauen durfte, denn bald darauf kam die Platte!

Tour 8 Die nördliche Mitte

Tour-Übersicht:

Verlauf: **Museum für Naturkunde › **Hamburger Bahnhof › *Brecht-Weigel-Gedenkstätte › *Oranienburger Straße › **Neue Synagoge › **Hackesche Höfe**

Dauer: 1 Tag (inklusive Museumsbesuche)

Praktischer Hinweis:

- Ausgangspunkt: U-Bahnhof Zinnowitzer Straße Ⓤ6; der Spaziergang endet am S-Bahnhof Hackescher Markt, Ⓢ5, Ⓢ7, Ⓢ9.

Tour-Start: Museum für Naturkunde 40

Die Tour beginnt mit dem Museum für Naturkunde als erstem Highlight, wo ein 22 m langer Dinosaurier ausgestellt ist – der größte in einem Museum (Invalidenstr. 43, Tel. 20 93 85 91, www.naturkunde-museum-berlin.de, Di–Fr 9.30–18, Sa/So 10–18 Uhr).

Erst-Klassig

**Hamburger Bahnhof 41

Im ehemaligen Hamburger Bahnhof betreibt die Neue Nationalgalerie mit dem **Museum für Gegenwart** einen zweiten Ausstellungsort mit Schwerpunkt zeitgenössische Kunst ab 1950: Malerei, Skulpturen, Grafik, Fotografie, Installationen. Einen Teil der Bestände stellte der Berliner Sammler Erich Marx als Dauerleihgabe mit Werken von Andy Warhol, Cy Twombly, Robert Rauschenberg, Roy Lichtenstein, Anselm Kiefer und Joseph Beuys.

*Flick Collection

4

Das Museum wurde 2004 um einen Westflügel erweitert. In die Rieckhalle, eine ehemalige Speditionshalle, ist die einzigartige **Friedrich Christian Flick Collection** mit Wechselausstellungen eingezogen. Mit ca. 1500 Werken von etwa 150 Künstlern ist die Flick Collection die größte Privatsammlung zeitgenössischer Kunst (Invalidenstr. 50/51, Tel. 39 78 34 11, www.hamburgerbahnhof.de, Di–Fr 10–18, Sa 11–20, So 11–18 Uhr; Eintritt 12 Euro, Führungen kostenlos).

Die Umgebung des Hamburger Bahnhofs weitet sich zum Kunst-Areal aus. An der Heidestraße lassen sich inzwischen immer mehr Galerien und Ateliers im KUNSTQUARTIER HEIDESTRASSE nieder **› S. 58.**

*Charité 42

Als kleine Stadt in der Stadt erstreckt sich zwischen Humboldthafen und Luisenstraße: die älteste Berliner Klinik. Das durch Prof. Ferdinand Sauerbruch berühmt gewordene Krankenhaus besteht aus dem braunen Hochhaus des Chirurgischen Zentrums aus den 1970er-Jahren und einer Reihe märkischer Backsteingebäude. Die Charité (frz. für Nächstenliebe) ging aus einem Pestkrankenhaus hervor, das Friedrich I. 1710 vor den Toren der Stadt bauen ließ.

Im Jahr 1810 wurde das Hospital der Humboldt-Universität angegliedert. Das Terrain besticht durch seine schönen Gebäude im Stil der Neogotik und den von der Panke durchflossenen Park.

Berliner Medizinhistorisches Museum 43

Nichts für schwache Nerven sind die Exponate in dem 1899 von Rudolf Virchow gegründeten Museum, wo eine 1000 Präparate umfassende pathologisch-anatomische Sammlung zu bestaunen ist (Charitéplatz 1, Charité, Eingang Spreekanal, www.bmm-charite.de, Tel. 450 53 61 56, Di, Do, Fr, So 10–17, Mi, Sa 10–19 Uhr, bis 16 Jahre nur in Begleitung Erwachsener).

Hotel/Restaurant

Arte Luise Kunsthotel ●●

Erst-! klassig

Übernachten in einer Galerie: Alle 50 Zimmer wurden von Künstlern gestaltet. Direkt an der S-Bahn-Trasse gelegen; im Haus: Habel Weinkultur, ein Mix aus Restaurant, Brasserie und Weinhandlung.

- Luisenstr. 19 | Mitte
- Tel. 28 44 80
- www.luise-berlin.com

Deutsches Theater 44

Den recht intimen Theaterplatz an der Schumannstraße schmücken das **Deutsche Theater** und die angrenzenden **Kammerspiele,** die zu den führenden Sprechbühnen in Berlin gehören. Begründet wurde der Ruf des Deutschen Theaters in den 1920er-Jahren durch seinen Direktor Max Reinhardt, der mit bahnbrechenden Inszenierungen Bühnengeschichte machte. Während sich das Haupthaus den Klassikern verschrieben hat, inszenieren junge Regisseure in den Kammerspielen Werke zeitgenössischer Dramenkunst (Schumannstr. 13a, Tel. 28 44 12 25, www.deutschestheater.de).

*Brecht-Weigel-Gedenkstätte 45

In der Chausseestraße 125 verbrachte Bertolt Brecht gemeinsam mit seiner Lebensgefährtin Helene Weigel die letzten Lebensjahre. Bei einer Führung können die Wohnräume besichtigt werden (Tel. 200 57 18 44, Besuch mit Führung: Di–Fr 10–11.30, Di auch 14–15.30, Do auch 17–18.30, Sa 10–15.30 Uhr, So 11–18 Uhr stündlich).

Zwischenstopp: Restaurant

Erst-! klassi

Urig ist das **Kellerrestaurant (●–●●)** im Haus, wo nach Originalrezepten Helene Weigels gekocht wird: Wiener Küche mit böhmischem Einschlag.

- Tel. 282 38 43
- tgl. ab 18 Uhr

*Dorotheenstädtischer Friedhof

Neben der Brecht-Weigel-Gedenkstätte findet man auf einem malerischen kleinen Friedhof die schlichten Grabsteine Brechts und Weigels sowie die Gräber zahlreicher anderer Persönlichkeiten wie Karl Friedrich Schinkel, Georg Wilhelm Friedrich Hegel, Johann Gottlieb Fichte, Heinrich Mann und Heiner Müller. Geöffnet tgl. ab 8 Uhr, je nach Jahreszeit schließt der Friedhof zwischen 16 und 20 Uhr.

Zeitgenössische Kunst im meCollectors Room

*Oranienburger Straße

Zuerst von der jungen Szene erobert, sind die Straße und ihre Umgebung – vor allem auch die Torstraße – nach wie vor »in«, gehören jedoch längst auch in jede Sightseeing-Tour. Sehenswert sind zwei restaurierte Hinterhöfe: der **Kunsthof** (Nr. 27) und die **Heckmann-Höfe** (Nr. 32).

Das ***Kunsthaus Tacheles** 46 war ein multikulturelles Besetzerhaus, es machte seinem jiddischen Namen (»offene Rede«) alle Ehre. Das Gebäude, in der Kaiserzeit ein Kaufhaus, wurde saniert, teils blieb aber der marode Charme erhalten. Rund 30 Ateliers befanden sich in der Kunstruine, die im September 2012 final geräumt wurde (Nr. 54-56a).

Erst-! klassig

Der meCollectors Room ist ein ungewöhnliches Kunsthaus: Neben zeitgenössischen Ausstellungen wird in der »Wunderkammer« die Tradition der Kunst- und Wunderkammern der Renaissance und des Barocks neu belebt (Auguststr. 68, Tel. 86 00 85 10, www.me-berlin.com, Di–So 12–18 Uhr).

Restaurants

Restaurants, Bars und Kneipen wie das **Amrit** (Nr. 45) oder um die Ecke das **Bötzow-Privat** (Linienstr. 113) und die **Schwarzwaldstuben** (Tucholskystr. 48) sind Tag und Nacht Szene-Treffpunkte.

Jüdische Gedenkstätten

Die Gegend um die Oranienburger Straße war bis zur Machtergreifung der Nationalsozialisten eines der Zentren jüdischen Lebens in Berlin. Neben neu belebten jüdischen Institutionen gibt es noch Spuren der Vergangenheit.

**Neue Synagoge 47

Über den Dächern der Umgebung glänzt die goldverzierte Mittelkuppel der Neuen Synagoge. Das präch-

› Karte S. 68

Die neue Synagoge in der Oranienburger Straße

tige Gotteshaus wurde 1866 errichtet. Der Architekt Friedrich August Stüler wählte stark orientalisierende Bauformen; so sehen die beiden Seitentürmchen wie Minarette aus.

Bis zur Pogromnacht 1938 wurden hier jüdischer Glaube und jüdische Kultur gelebt. Albert Einstein spielte bei den Synagogenkonzerten die Geige. Eine Bombennacht machte das Bauwerk 1943 zur Ruine. Erst 1988 wurde die Aufbauarbeit begonnen.

1995 wurde das **Centrum Judaicum** eröffnet, ein Museum zur Geschichte der Berliner Juden und der Synagoge (Oranienburger Str. 28–30, Tel. 88 02 83 16, www.cjudaicum.de; So, Mo 10–20, Di–Do 10 bis 18, Fr 10–17 Uhr, März und Okt. Fr bis 14 Uhr, Nov.–Feb. So, Mo, Di, Do 10–18, Fr 10–14 Uhr; die Kuppel ist ebenfalls zugänglich).

*Alter Jüdischer Friedhof 48

Etwa 20 Grabsteine mit hebräischen Inschriften am Friedhof in der Großen Hamburger Straße sind die letzten Zeugnisse, die die Zerstörungsaktionen der Nazis 1943 überstanden. Ein Grab erinnert an Moses Mendelssohn, Berlins berühmten Philosophen.

Sophienstraße

Einige Schritte weiter steht die protestantische **Sophienkirche** 49 mit dem einzigen Barockturm Berlins. Das von neubarocken Wohnhäusern gerahmte Gotteshaus wurde 1712 von Königin Sophie Luise, der Gattin Friedrichs I., gestiftet. Auf dem Kirchhof liegen Berliner Geistesgrößen wie der Musiker Carl Friedrich Zelter und der Historiker Leopold von Ranke begraben. Die Altbauten der Sophienstraße verbergen verwinkelte Höfe, die unterschiedlich genutzt werden: Lichtinstallationen weisen den Weg durch die schicken Sophie-Gips-Höfe. Erst-! klassi

Die **Sophiensaele** im ehemaligen Handwerkervereinshaus pflegen den morbiden Charme der alten Handwerkerhöfe und verstehen sich als Schnittstelle von Theater, Tanz, Performance, Musik und Bildende Kunst – ein Muss für Tanztheaterfans (Nr. 18, Tel. 283 52 66, www.sophiensaele.de).

5 **Hackesche Höfe 50

Um die Ecke führt der Haupteingang der Hackeschen Höfe in ein Labyrinth von acht Innenhöfen. Auf dem ersten Platz bringen weiße und farbige Glasursteine an den Fassaden den Jugendstil zur Geltung. Der Roman »Berlin Alexanderplatz« spielt im schrägen Milieu dieser Wohn- und Gewerbeanlage. Zahlreiche Cafés, Restaurants und schöne Geschäfte haben sich hier etabliert.

Im schönen Café **Hackescher Hof** sitzt man gut mit Blick auf den belebten Hackeschen Markt und kann sich bei Café, Kuchen und diversen Speisen stärken.

Die Kleinkunst-Bühne **Chamäleon** bietet innovative Unterhaltung unter dem Motto Musik-Theater-Varieté (www.chamaeleonberlin.de, Tel. 400 05 90).

Anne-Frank-Zentrum

In einem historischen Gebäude gleich neben den Hackeschen Höfen wird mit der ständigen Ausstellung »Anne Frank. Hier & heute« an die Verbrechen der Nazis erinnert. Das Kulturzentrum trägt mit zahlreichen Veranstaltungen die Botschaft von Annes Tagebuch in die heutige Zeit (Rosenthaler Straße 39, www.annefrank.de, Di bis So 10–18 Uhr).

Hackescher Markt

In und um die S-Bahn-Bögen am S-Bahnhof Hackescher Markt hat sich eine internationale Kneipenszene herausgebildet. Der mit Klinkersteinen dekorierte Viadukt entstand 1878 unter dem Namen Bahnhof Börse; in der nahen Burgstraße florierte bis 1943 die Berliner Börse.

Volksbühne 51

An der Grenze zum Prenzlauer Berg steht am Rosa-Luxemburg-Platz der stattliche Bau der Volksbühne. Das 1914 erbaute Theater machte in den 1920er-Jahren als proletarisches Theater Furore. Man versucht in der Tradition von Erwin Piscator und Benno Besson eine Synthese aus Avantgarde und sozial engagiertem Theater (www.volksbuehne-berlin.de, Tel. 24 06 57 77).

SEITENBLICK

Das Scheunenviertel

Die Gegend nordwestlich der Volksbühne um Gormann- und Mulackstraße erhielt diesen inoffiziellen Namen auf Grund einer Feuerschutzordnung des Großen Kurfürsten, der 1672 das leicht brennbare Stroh und Getreide vor die Stadtmauer verbannen ließ.

So entstanden hier Scheunen zur Lagerung. Mit der Industrialisierung entwickelte sich der Stadtteil zu einem Hinterhof Berlins: In den engen Gassen lebten um 1900 viele Prostituierte und Kleinkriminelle.

Die Bezeichnung Scheunenviertel weiteten erst die Nationalsozialisten auf die Gegend um die Oranienburger Straße aus, um die hier lebenden Juden zu diskriminieren.

Rund um den Tiergarten

Das Beste!

- Besichtigen der Reichstagskuppel › S. 96
- Boot fahren auf dem Neuen See im Tiergarten › S. 102
- Bummeln rund um den Potsdamer Platz › S. 104
- Einem Konzert der Philharmoniker in der Philharmonie lauschen › S. 106
- Eine Ausstellung in der Neuen Nationalgalerie anschauen › S. 108

› Karte
S. 98

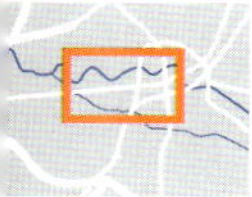

Hochkultur zwischen Philharmonie und Gemäldegalerie, Unterhaltung und aufregende Architektur am Potsdamer Platz sowie zahlreiche Regierungsneubauten prägen den Bezirk Tiergarten.

Der Tiergarten ist mit großzügigen 200 ha Wiesenfläche und 25 km Spazierwegen der größte Park Berlins. Baumgruppen, Blumenbeete, kleine und größere Teiche schaffen eine idyllische Atmosphäre, um die Inseln des Neuen Sees kann man sogar mit dem Boot paddeln. Für viele Berliner, die keinen Garten haben, ist das Areal im Sommer ein beliebter Treffpunkt. Quer durchs Grüne führt die **Straße des 17. Juni,** deren Name an den Ostberliner Arbeiteraufstand von 1953 erinnert. Samstags und sonntags gehört sie zwischen Bachstraße und Einsteinufer den Trödlern und Sammlern: Dann findet hier zwischen 10 und 17 Uhr Berlins größter Flohmarkt statt (Ⓢ Tiergarten).

Im **Tiergarten** befinden sich Sehenswürdigkeiten wie die **Siegessäule**, **Schloss Bellevue** oder der **Zoologische Garten** – aber auch Kultureinrichtungen wie das **Haus der Kulturen der Welt** oder **Tipi – Das Zelt** sowie schöne Cafés und Biergärten. Ganz im Nordwesten die **Akademie der Künste** und das **Hansaviertel** mit Wohnbauten bedeutender Architekten der klassischen Moderne wie Walter Gropius. Am östlichen Rand liegt das Machtzentrum der Bundesrepublik mit **Reichstag** und **Kanzleramt**, südlich das **Kulturforum** mit **Philharmonie** und **Neuer Nationalgalerie** sowie weiteren hochkarätigen Museen, aber auch das **Botschaftsviertel** und die **Gedenkstätte Deutscher Widerstand**.

Das Kulturforum schafft zudem heute, nachdem es zu Zeiten der Mauer isoliert im Schatten der Mauer gelegen hat, die Verbindung zum **Potsdamer Platz**. Dieser schließt somit die Lücke zwischen City-West und City-Ost. Anfangs besonders architektonisch umstritten, zeigt sich das Viertel heute einer Metropole würdig und präsentiert sich mit vielfältigen Möglichkeiten von Shopping bis Kultur voller vitalem urbanem Leben.

Die überdachte Piazza im Sony Center

Das Bundeskanzleramt

› Karte S. 98

Touren rund um den Tiergarten

Tour 9 Ein Gang durch den Tiergarten

Tour-Übersicht:

Verlauf: **Sowjetisches Ehrenmal › **Reichstag › Bundeskanzleramt › Haus der Kulturen der Welt › *Schloss Bellevue › Akademie der Künste › Siegessäule › *Zoologischer Garten**

Dauer: 6 Stunden

Praktischer Hinweis:

- Startpunkt: Ⓢ Brandenburger Tor.
- Man kann den Spaziergang durch eine Busfahrt abkürzen. Am besten besteigt man in diesem Fall am Reichstag den Bus der Linie 100 Richtung Zoologischer Garten und fährt am Haus der Kulturen der Welt vorbei bis Schloss Bellevue. Dann geht es von Schloss Bellevue zu Fuß durch den Tiergarten zur Akademie der Künste im Hansaviertel und zur Siegessäule. Von dort entweder zu Fuß oder mit dem Bus 100 zum Zoologischen Garten.

Tour-Start: Sowjetisches Ehrenmal 1

Von der S-Bahn Brandenburger Tor passiert man das Brandenburger Tor und steht auf der Straße des 17. Juni bald am Ehrenmal, das nach der Besetzung Berlins 1945 errichtet wurde. Dort fanden 2500 russische Soldaten ihre letzte Ruhestätte.

Das Gelände lag im Sektor der britischen Besatzer, die es den Sowjets auf unbestimmte Zeit zur Verfügung stellten. Zu Zeiten der Mauer war der Wachwechsel eine Touristenattraktion. 1990 hat sich die Bundesrepublik im deutsch-sowjetischen Vertrag über gute Nachbarschaft zur Pflege der Stätte verpflichtet.

**Reichstag 2

6

Der ehemalige Reichstag vor dem Platz der Republik geht auf die Zeit der Gründung des Deutschen Reiches zurück, wurde jedoch erst 1894 durch Paul Wallot fertig gestellt. Kaiser Wilhelm II. missfiel das mächtige Symbol der parlamentarischen Demokratie, und er nannte den Reichstag eine »Quasselbude«. 1918 rief Philipp Scheidemann hier die Republik aus. 1933 ging es durch Brandstiftung in Flammen auf – die Nazis nahmen den Anschlag zum Anlass, gegen politisch Andersdenkende vorzugehen und die Pressefreiheit einzuschränken. 1945 hisste die Rote Armee die sowjetische Flagge über der eingestürzten Kuppel. Während der Teilung beherbergte das auf Westberliner Seite stehende Gebäude ein Museum. Am 20. Dezember 1990 konstituierte sich hier das Parlament des wiedervereinten Deutschland.

Im Juni 1995 wurde der Reichstag von den Verhüllungskünstlern Christo und Jeanne-Claude zum modernen Kunstwerk stilisiert. Da-

Moderne Architektur für die Bundestagsausschüsse: das Paul-Löbe-Haus

nach setzte ihm der Londoner Architekt Sir Norman Foster eine 23 m hohe begehbare Glaskuppel auf – als moderne Antwort auf das verlorene Original. Nach umfangreicher Sanierung wurde der Deutsche Bundestag im Mai 1999 eröffnet. Die Kuppel avancierte sofort zum Wahrzeichen des neuen Berlin und zum Besuchermagneten.

Erst-klassig

Kuppel und Aussichtsterrasse des Reichstags sind tgl. 8–24 Uhr (letzter Einlass 22 Uhr) zugänglich nur mit Anmeldung: www.bundestag.de/besuche, Fax 22 73 64 36 oder Post: Deutscher Bundestag, Besucherdienst, Platz der Republik 1, 11011 Berlin. Führungen durch den Reichstag außerhalb der Sitzungszeiten des Parlaments: tgl. 10.30, 13.30, 15.30, 18.30 Uhr; auch Familien- und Kunstführungen. Anmeldung: s.o.

Jakob-Kaiser-Haus

Auch zu den Bundestagsneubauten gehört das Jakob-Kaiser-Haus hinter dem Reichstag mit Abgeordnetenbüros und Fraktionsräumen.

Paul-Löbe-Haus 3

Das im Oktober 2001 eröffnete Gebäude im Spreebogen dient als Tagungsort für Bundestagsausschüsse – der Namensgeber Paul Löbe war von 1920–1932 Reichstagspräsident der Weimarer Republik. Beim Betrachter entsteht der faszinierende Eindruck einer 200 m langen Wandscheibe, in die vier Lichthöfe eingeschnitten sind. Unter einem imposanten Vordach tritt man durch eine große Glasfassade in eine kathedralenhafte, 200 m lange Halle mit acht Rotunden, einer lichtdurchfluteten Betonrasterdecke und durchgehenden Glaswänden an den Stirnseiten. Durch diese ziehen an Politikern und Regierungstouristen die Schiffe auf der Spree in Augenhöhe vorbei. In den Fußboden der Halle sind Sätze von Ricarda Huch und Thomas Mann graviert.

275 Bundestagsabgeordnete haben hier ihre Büros, hinzu kommen 19 Sitzungssäle der Parlamentsausschüsse. In der östlichen Rotunde gewährt das Besucherrestaurant ei-

› Karte S. 98

nen Panoramablick (Anmeldung). Es werden z.B. Kunst- und Architekturführungen angeboten (Sa/So 14/16 Uhr, ebenfalls nach Anmeldung › **Reichstag**), anschließend kann die Kuppel besucht werden. Unten am Fluss lädt eine öffentlich zugängliche Promenade zum Flanieren quasi im Schatten der Regierung ein.

Marie-Elisabeth-Lüders-Haus 4

Auf der anderen Spreeseite setzt sich das sogenannte Band des Bundes fort. Der Sitz von Bundestagsbibliothek, Poststelle und Fahrdiensten ist nach der Staatsrechtlerin Marie Elisabeth Lüders (1878 bis 1966) benannt, die als erste Frau an einer deutschen Universität einen Doktortitel erlangte.

Bundespressekonferenz 5

Nur wenige Meter sind es zum nachts eindrucksvoll illuminierten Haus der Bundespressekonferenz am Schiffbauerdamm. Ein paar Schritte weiter zischt mancher Politiker in der »Ständigen Vertretung«, kurz Stäv, schon mal gern ein Kölsch (Schiffbauerdamm 8).

Info Regierungsviertel

Deutscher Bundestag, Besucherdienst

Informiert über Besuchsmöglichkeiten und Führungen.

- Platz der Republik 1 | 11011 Berlin
- Tel. 22 73 21 52 oder 22 73 59 08
- Fax 22 73 00 27
- besucherdienst@bundestag.de
- www.bundestag.de.

Wer sich neben Architektur für politische Entscheidungsfindung und Machtspiele interessiert, sollte folgendes Buch lesen: Heinrich Wefing, KULISSE DER MACHT, Das Berliner Kanzleramt. Deutsche Verlags-Anstalt, Stuttgart/München 2001 (nur noch antiquarisch).

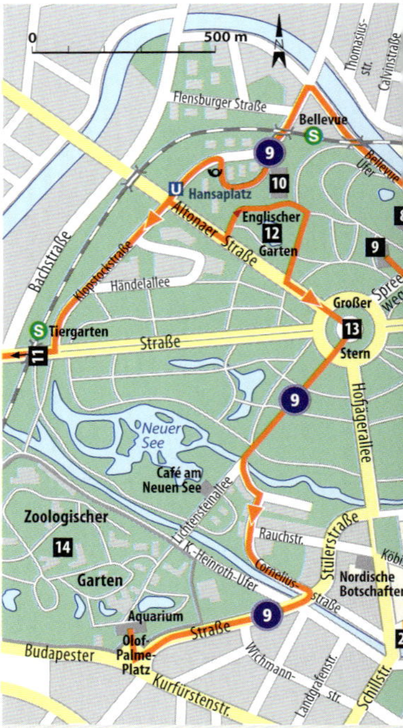

Touren rund um den Tiergarten

Tour 9

Ein Gang durch den Tiergarten

1 Sowjetisches Ehrenmal
2 Reichstag
3 Paul-Löbe-Haus
4 Marie-Elisabeth-Lüders-Haus
5 Bundespressekonferenz

Bundeskanzleramt 6

Der von den Architekten Axel Schultes und Charlotte Frank geschaffene Sitz des Bundeskanzlers gegenüber dem Reichstag war und ist bis heute nicht unumstritten. Viele reiben sich an seiner Monumentalität (»Kohlosseum«) – das Weiße Haus in Washington passt viermal hinein, Downing Street 10 bequem in einen Seitenflügel. An den 36 m hohen Kanzlerkubus sind beidseitig 18 m hohe und 335 m lange Verwaltungsflügel angeflanscht, deren Sandsteinfassaden von Wintergärten durchbrochen sind. Fast schon verspielt wirkt der Haupteingang mit 14 m hohen Be-

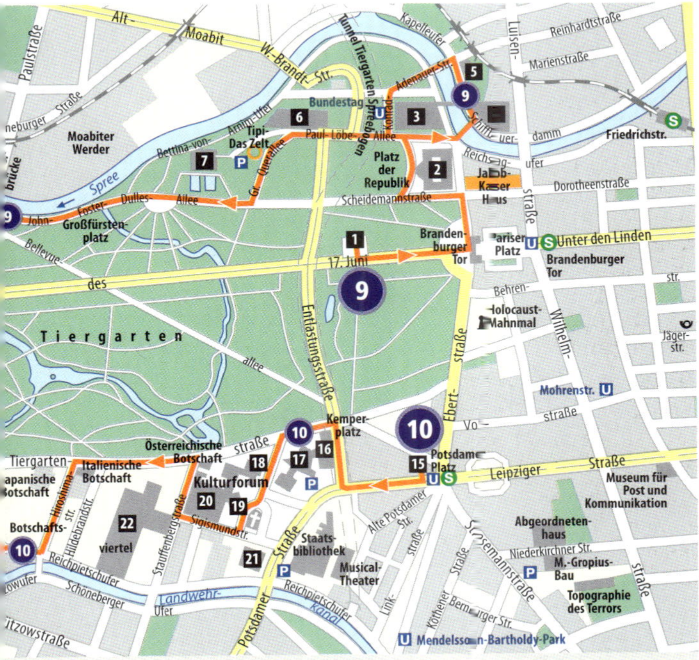

6 Bundeskanzleramt
7 Haus der Kulturen der Welt
8 Schloss Bellevue
9 Bundespräsidialamt
10 Akademie der Künste
11 Königliche Porzellan-Manufaktur
12 Englischer Garten
13 Siegessäule
14 Zoologischer Garten

Tour 10

Rund um den Potsdamer Platz

15 Potsdamer Platz
16 Musikinstrumenten-Museum
17 Philharmonie und Kammermusiksaal
18 Kunstgewerbemuseum
19 Kupferstichkabinett
20 Gemäldegalerie
21 Neue Nationalgalerie
22 Gedenkstätte Deutscher Widerstand
23 Bauhaus-Archiv

tonstelen, einem geschwungenen Textildach und in Betonsäulen gepflanzten Felsenbirnbäumen, Raseninseln und der Skulptur »Berlin« von Eduardo Chillida. Das Foyer wird bestimmt vom großen Konferenzraum und der eindrucksvollen Treppenanlage mit der Skulptur »Die Philosophin« von Markus Lüpertz.

Tipi – Das Zelt

Das Zweitzelt der **Bar jeder Vernunft** › **S. 44** zwischen Kanzleramt und Haus der Kulturen der Welt bietet vielfältige Veranstaltungen aus den Bereichen Kabarett, Chanson und Artistik (Große Querallee, Tel. 39 06 65 50, www.tipi-am-kanzleramt.de); mit Restaurant, Menüs bis einen Tag vor der Veranstaltung buchbar).

Haus der Kulturen der Welt 7

Nur einen Steinwurf vom Bundeskanzleramt an der John-Foster-Dulles-Allee liegt das Haus der Kulturen der Welt, das wegen seiner Platzierung in einem Wasserbecken und wegen des geschwungenen Daches im Berlin-Jargon »Schwangere Auster« genannt wird. Es entstand 1957 als amerikanischer Beitrag zur Messe Interbau. Das Gebäude beherbergt ein Auditorium für 1250 Zuschauer, eine Ausstellungshalle für zeitgenössische Künste und Sitzungssäle. Hier erhalten außereuropäische Kulturen ein Forum für Kunst, Musik, Tanz, Film, Literatur etc. (Tel. 39 78 71 75, www.hkw.de).

*Schloss Bellevue 8

Entlang der Spree mit Blick auf die schwungvolle Bebauung auf dem Moabiter Werder (Wohnungen für Bundesbedienstete) erreicht man Schloss Bellevue, seit 1993 Amtssitz des Bundespräsidenten. Die frühklassizistische Anlage wurde 1785 für Prinz Ferdinand von Preußen, jüngster Bruder Friedrichs des Großen, errichtet. Nach schweren Kriegszerstörungen wurde es mit verändertem Inneren wieder aufgebaut. Nur der 1791 von Carl Gotthard Langhaus eingebaute ovale Saal blieb erhalten.

*Bundespräsidialamt 9

Zwischen Schloss Bellevue und Siegessäule liegt der ellipsenförmige Neubau des Bundespräsidialamtes. Im November 1998 bezogen die Bonner Beamten das außen dunkelgrün polierte und innen in Weiß erstrahlende Gebäude. Den Bauwettbewerb hatte Ex-Bundespräsident Herzog zugunsten der Architekten Martin Gruber und Helmut Kleine-Kraneburg aus Frankfurt/M. entschieden.

Hansaviertel und *Akademie der Künste 10

Ein Spaziergang durch den Tiergarten entlang der Spree führt zum Hanseatenweg 10, wo man in der Akademie der Künste in eine formschöne Welt aus Glas, Klinker, Holz, Beton und Schiefer eintauchen kann. Das dreiteilige 1960er-Jahre-Ensemble besteht aus dem kubischen Ausstellungsgebäude, dem spitzen Studiobau und dem fünfge-

Das Schloss Bellevue, Amtssitz des deutschen Staatsoberhauptes

schossigen Blauen Haus. Die Institution selbst geht auf das Jahr 1696 zurück, als Kurfürst Friedrich III. die dritte Kunstakademie Europas nach Paris und Rom gründete (Tel. 200 57-20 00, www.adk.de, tgl. 11 bis 19 Uhr, Ausstellungen Di–So 11–19 Uhr).

Zum Hansaviertel gehören neben den Akademiegebäuden die Siedlungsbauten entlang der **Klopstockstraße**, der **Bartning-** und der **Händelallee**. Unter der Beteiligung namhafter Architekten wie Walter Gropius und Max Taut entstanden die Gebäude in den 1950er-Jahren als westliche Antwort auf die Stalinallee im Ostteil der Stadt. Locker sind Flachbauten mit Hochhäusern kombiniert, die Grünanlagen des Tiergartens mit einbezogen.

Erst-klassig

Die originellen Theaterstücke des nahe gelegenen **Grips Theaters** sind bei Jugendlichen und Erwachsenen beliebt (Altonaer Str. 22, Tel. 39 74 74 77, Aufführungen finden auch im Podewil statt, Klosterstr. 68, Mitte, www.grips-theater.de).

Königliche Porzellan-Manufaktur 11

Ein Abstecher führt in die Wegelystraße 1, nahe des Ⓢ-Bahnhofs Tiergarten: Gut 250 Jahre ist die Geschichte der KPM alt. In der Traditionswerkstatt wurde die Dauerausstellung »KPM Welt« über die Geschichte des Porzellans eingerichtet (Mo–Sa 10–18 Uhr), Führungen ohne Anmeldung durch die

SEITENBLICK

Kahlschlag

Der **Tiergarten** war kurfürstliches Wildgehege, bis ihn Preußens bedeutender Gartenarchitekt Peter Joseph Lenné 1839 zum englischen Landschaftspark umgestaltete.

Von der ursprünglichen Anlage ist nur noch an manchen Stellen etwas zu erahnen, denn nach 1945 benötigten die Berliner dringend Brennmaterial und holzten die Bäume ab.

Erst im Jahr 1949 wurde mit Unterstützung der westlichen Besatzungsmächte wieder aufgeforstet.

› Karte S. 98

Manufaktur Sa um 15 Uhr (Kinderführungen Sa 11 Uhr, Tel. 39 00 90).

Shopping

Das edle Porzellan kauft man direkt in der **Manufaktur** (Mo–Sa 10–18 Uhr, Tel. 39 00 90, www.kpm-berlin.de) oder in der **KPM-Galerie** (Kurfürstendamm 27, Tel. 88 62 79 61, Mo–Sa 8–20 Uhr).

Englischer Garten 12

Die Anlage gehörte früher zum Schlosspark Bellevue, der einmal einer der schönsten Parks Berlins war. Im Zweiten Weltkrieg wurde das Parkgelände völlig zerstört und in den 1950er-Jahren im Rahmen einer Spendenaktion der Shropshire Horticultural Society aus dem englischen Shrewsbury neu angelegt.

Siegessäule 13

Inmitten des »Großen Sterns«, wie die fünfachsige Kreuzung heißt, wird die Siegessäule vom Verkehr umbraust. Oben steht die 35 t schwere Figur der Viktoria auf einer Zehenspitze. »Gold-Else«, die diesen Namen ihrer kostbaren Umhüllung verdankt, konnte 1985 gerade noch rechtzeitig vor dem Absturz gerettet werden; 2010/11 wurde sie neu vergoldet. Im Innern kann man auf einer Wendeltreppe bis zur 48 m hohen Aussichtsplattform hinaufsteigen (Sommer Mo–Fr 9.30 bis 18.30, Sa/So bis 19, Winter Mo–Fr 10–17, Sa/So bis 17.30 Uhr).

Erst-! klassig

Zwischenstopp: Restaurant

Auf dem Weg zum Zoo bietet sich eine Pause im Biergarten **Café am Neuen See** an – mit Bootsverleih nebenan.

*Zoologischer Garten 14

Mit fast 3 Mio. Besuchern im Jahr ist der Zoo eine der meistbesuchten Sehenswürdigkeiten der Hauptstadt. 1842 schenkte Friedrich Wilhelm IV. den Berlinern seine königliche Tiersammlung als Grundstock des Zoos. Für jede Art wurden z.T. reizvolle orientalisierende Häuser gebaut. Mit 1470 Arten ist dies der artenreichste Zoo der Welt – Superstar Knut der Eisbär verstarb im Frühjahr 2011 (Budapester Str. 34/ Hardenbergplatz 8, tgl. 9–19, Winter bis 17 Uhr, Eintritt 13 €, Kinder bis 15 Jahre 6,50 €, Ⓤ/Ⓢ Zoologischer Garten). Für Regentage empfiehlt sich das **Zoo-Aquarium** (tgl. 9–18 Uhr, Eintritt 13 €, bis 15 Jahre 6,50 €. Kombi-Tickets für Zoo und Aquarium 20 €, bis 15 Jahre 10 €).

Tour 10 Rund um den Potsdamer Platz

Tour-Übersicht:

Verlauf: **Potsdamer Platz › *Philharmonie › **Gemäldegalerie › **Neue National-galerie › *Gedenkstätte Deutscher Widerstand › *Bauhaus-Archiv

Dauer: 6 Stunden; mit Museumsbesuchen 1–2 Tage

Praktische Hinweise:

- Startpunkt U-Bahnhof Ⓤ2 oder S-Bahnhof Potsdamer Platz Ⓤ2, Ⓢ1, Ⓢ2, Ⓢ25 oder mit den Buslinien M41, M48, M85 und 200.
- Vom Bauhaus-Archiv fährt der Bus 100 in die West- oder Ost-City.

Das Sony Center des Architekten Helmut Jahn ist ein Symbol für die neue Mitte

8

Tour-Start:
**Potsdamer Platz 15

Auf den 67 000 m² Brachland an der einstigen Mauer entstand in weniger als zehn Jahren ein völlig neuer Stadtteil. Der Mailänder Renzo Piano baute für das Daimler-Chrysler-Unternehmen **Debis,** Georgio Grassi entwarf Hochhäuser für **ABB,** Helmut Jahn schuf für **Sony** einen gigantischen Komplex aus Wohn- und Gewerbeflächen. Über 600 exklusive Wohnungen entstanden, dazu ein **Spielcasino,** ein **Musicaltheater,** das noble **Grand Hyatt Hotel,** das **CinemaXX Kinocenter** für 3500 Besucher, Schauplatz der Filmfestspiele, das Shoppingcenter **Potsdamer Platz Arkaden,** Bars und Restaurants. Eine bautechnische Sensation war die Versetzung des Esplanade-Kaisersaals um 75 m mit einem Luftpolster. Im Sony Center ist die einzigartige **Deutsche Kinemathek** – Museum für Film und Fernsehen untergebracht. Das **Beisheim-Center** beherbergt die Luxushotels Ritz-Carlton und Marriott sowie Wohnungen und Büros. Das Verkehrschaos mindert der 2,4 km lange Tiergartentunnel unter Potsdamer Platz und Regierungsviertel.

Den besten Überblick hat man von der Aussichtsplattform in der 24./25. Etage des **Kollhoff-Towers** in 100 m Höhe (Eingang Alte Potsdamer Straße, tgl. 10–20 Uhr, im Winter kürzer, Eintritt 5,50 €). Erst-klassig

»Faîtes votre jeu!« heißt es täglich ab 11 Uhr auf den vier Etagen der **Spielbank Berlin** (Marlene-Dietrich-Platz 1, Tel. 25 59 90, www.spielbank-berlin.de, Casino Royal ab 15 Uhr).

Im benachbarten **Theater am Potsdamer Platz** finden im Februar die Premieren der Wettbewerbsfilme der Berlinale statt, dann heißt das Gebäude für zwei Wochen Berlinale-Palast (www.berlinale.de). Den Rest des Jahres dient das Theater als Musicalbühne (Tel. 018 05/44 44, www.stage-entertainment.de).

SPECIAL

Die neue Mitte

Kann sich noch jemand an die Diskussionen vor wenigen Jahren über Berlins Zentrum erinnern? Ku'damm oder Friedrichstraße? Friedrichstraße oder Ku'damm?

Die Wahrheit liegt in der Mitte, auf dem **Potsdamer Platz** also. Der macht eindeutig das Rennen – mit dem Sony Center oder dem Beisheim-Center, mit seinen Büros, Luxuswohnungen und den Luxushotels Ritz-Carlton und Mariott, mit Spielbank, Musical-Theater, Shopping-Arkaden und einer bunten gastronomischen Mischung.

Neue Wege

Erst der Potsdamer Platz verbindet die beiden ehemaligen Stadthälften West und Ost, verzahnt die Stadträume bis hin zum Regierungsviertel. Eingefahrene Wege lösen sich auf, neue Strecken entstehen: vom Tiergarten über Potsdamer Platz zum Brandenburger Tor, von der Friedrichstraße über Martin-Gropius-Bau und Potsdamer Platz zum Kulturforum. Der Potsdamer Platz liegt in der Mitte, er gefällt, und alle gehen hin. Man kauft in den Potsdamer Platz Arcaden ein, lässt sich in die Sessel des IMAX-Kinos sinken, riskiert ein paar Euros beim Roulette in der Spielbank, trinkt ein Weißbier im Lindenbräu, besucht mit den Kindern das **Legoland Discovery Centre** oder genießt den Ausblick vom Panoramapunkt im Kollhoff-Tower.

It's a Sony

Sony, der Weltkonzern, beglückt Berlin nicht nur mit einem spektakulären Zeltdach des amerikanischen Stararchitekten Helmut Jahn, sondern auch mit dem **Sony Entertainment Center** (www.sonycenter.de) und dem **Filmhaus,** das unter einem Dach die Deutsche Kinemathek – Museum für Film und Fernsehen, die Deutsche Film- und Fernsehakademie und das Filmkunstkino Arsenal vereint.

Spannend ist die CD-Rom BERLIN IM UNTERGRUND – eine interaktive Zeitreise unter den Potsdamer Platz. 130 Jahre unterirdische Berlin-Geschichte (www.eku.de/potsdamer-platz.html, 17,90 €.

- **CineStar IMAX**
  Sony Center | Potsdamer Straße 4
  Tel. 018 05-11 88 11
  www.cinestar-imax.de
- **Legoland Discovery Centre**
  Sony Center | Potsdamer Str. 4
  Tel. 01 80-566 69 01 10
  tgl. 10–19 Uhr (letzter Einlass 17 Uhr)
- **Deutsche Kinemathek – Museum für Film und Fernsehen**
  Ein Muss für Fans ist die Marlene-Dietrich-Kollektion des Museums mit Fotos, Kostümen, Accessoires und privaten Filmaufnahmen der populären Schauspielerin.
  Potsdamer Str. 2
  Tel. 300 90 30
  www.deutsche-kinemathek.de
  Di–So 10–18, Do bis 20 Uhr

Da kommt Daimler

Nicht nur das Sony, auch das Daimler Center hat Besuchern einiges zu bieten. So z.B. die Aussichtsplattform **Panoramapunkt** auf der 24./25. Etage des Kollhoff-Gebäudes › S. 103 und auch die ***Daimler* Kunst Sammlung** im Haus Huth, die v.a. abstrakte und minimalistische Kunst des 20. Jhs. präsentiert (Alte Potsdamer Str. 5, tgl. 11–18 Uhr, Eintritt frei).

Kunst-Szene

- Dem genialen Surrealisten **Salvador Dali** ist eine **Dauerausstellung** mit rund 450 Exponaten gewidmet.
  Am Leipziger Platz 7

Gastro-Szene

- Das **Lindenbräu** (●–●●) im Sony Center rühmt sich der nördlichsten Weißbierbrauerei der Welt (Bellevuestr. 3-5, Tel. 25 75 12 80, tgl. ab 11.30 Uhr)
- Gut für schnelle Pizza und Pasta ist das **Vapiano** (●–●●, Potsdamer Platz 5, Tel. 23 00 50 05, Mo–Sa 10–1, So 10–24 Uhr).
- Im neuen **Weilands Wellfood** (●●) kommt gesunde und schmackhafte eurasische Bio-Küche auf den Tisch (Marlene Dietrich-Platz 1, Tel. 25 89 97 17, tgl. 10 bis 22 Uhr).
- Kulinarische Spitzenreiter am Platz sind das **Facil** (●●●) im The Mandala Hotel mit mediterraner Gourmet-Küche (Potsdamer Str. 3, Tel. 590 05 12 34, Mo–Fr mittags und abends) und mit einem Michelin-Stern ausgezeichnet sowie das **Vox** (●●●) im Hotel Grand Hyatt (Marlene-Dietrich-Platz 2, Tel. 25 53 17 72).
- Ebenfalls im The Mandala Hotel ist das **Qiu** eine schöne Lounge für abends (tgl. 12–24 Uhr).
- Ein Stück Frankreich in Berlin ist das **Desbrosses** (●●) im Ritz-Carlton. Küchenchef Martin Lisson serviert saisonale wie ebenso herrlich französische Küche. (Potsdamer Platz 3, Tel. 337 77 63 41, Mo–Sa 6.30–23, So 6.30–15.30, 17–23 Uhr).

Der große Saal in der Philharmonie

Kulturforum

Das Kulturforum war wegen seiner Weitläufigkeit und Nüchternheit immer umstritten, der hohe Rang der hier verwahrten Kunstschätze steht jedoch außer Zweifel. Die Idee zum Kulturforum am Kemperplatz stammt aus den 1960er-Jahren, als man ein Pendant zur Museumsinsel im Ostteil der Stadt schaffen wollte. Den Anfang machte die Neue Nationalgalerie, erbaut 1963 bis 1968. Die Einrichtung wuchs, 1995 wurde die Kunstbibliothek eröffnet, 1998 die Gemäldegalerie.

Musikinstrumenten-Museum 16

Die Besichtigung des Kulturforums beginnt man beispielsweise in der Tiergartenstraße am Musikinstrumenten-Museum. Die Ausstellung historischer, aber auch neuerer Instrumente ging aus den Sammlungen der 1888 gegründeten Musikhochschule hervor. Mit rund 3200 Exponaten ist es eine der größten Kollektionen dieser Art. Bei Führungen darf man sich auf akustische Kostproben freuen. Ein Hit ist die Wurlitzer-Orgel, eine alte Kinoorgel, die über mehrere Etagen geht (Tel. 25 48 10, www.sim.spk-berlin.de, Di/Mi/Fr 9–17 Uhr, Do 9–20 Uhr, Sa/So 10–17 Uhr, Führungen Do 18 Uhr und Sa 11 Uhr, dann mit Vorführung der Wurlitzer-Orgel um 12 Uhr).

Erst-klassi

*Philharmonie und Kammermusiksaal 17

Wie die große **Staatsbibliothek** an der Potsdamer Straße schräg gegenüber, so hat auch das Musikinstrumentenmuseum Ähnlichkeit mit dem frei geformten Baukörper der **Philharmonie,** den Hans Scharoun in den 1960er-Jahren verwirklichte. Der Architekt wollte den rechten Winkel vermeiden und mit seiner anthroposophisch orientierten Bauweise das organische Wachstum der Natur nachahmen. Wenn die Abendsonne über dem Platz steht, schimmert die Aluminiumfassade des Gebäudes golden – ein unvergleichlicher Anblick. Im Inneren sind die Publikumsränge im Kreis um das Orchester herum gruppiert. Neben der Philharmonie entstand nach dem gleichen Grundsatz Scharouns 20 Jahre später mit einer hervorragenden Akustik der **Kammermusiksaal**, der auch Kleine Philharmonie genannt wird. Sein Grundriss besteht aus Sechsecken.

Kunstgewerbemuseum 18

Wie ein großer Block erhebt sich der Stahlskelettbau mit vorgeblendeter Ziegelfassade am Matthäikirchplatz. Er wurde 1985 unter Leitung von Rolf Gutbrod errichtet. In den weitläufigen Räumen sind Goldarbeiten, Textilien, Gemälde, Gläser und Möbel vom Mittelalter bis zur Gegenwart ausgestellt. Glanzstücke sind das Lüneburger Ratssilber und der Welfenschatz aus dem Braunschweiger Dom. Im Untergeschoss ist Kunsthandwerk des 20. Jhs., u.a. US-Designermobiliar und Produktdesign der 50er- und 60er-Jahre, zu sehen (wegen Umbaumaßnahmen ist es seit Anfang 2012 geschlossen).

Kupferstichkabinett 19

Das Kupferstichkabinett, das gegenüber liegt, präsentiert seit 1994 110 000 Zeichnungen, Aquarelle, Gouachen und Pastelle sowie über 500 000 graphische Blätter vom Spätmittelalter bis in die Neuzeit. Mit dieser Einrichtung, die jahrzehntelang getrennte Abteilungen aus Ost und West vereint, wurde

SEITENBLICK

Die Berliner Philharmoniker

Die Philharmonie ist der Konzertsaal des Berliner Philharmonischen Orchesters. Das 1882 gegründete Ensemble ist über die Jahrzehnte zu einem Aushängeschild für die Exklusivität der Berliner Musikszene geworden. Die Spitzendirigenten Hans von Bülow, Wilhelm Furtwängler und Herbert von Karajan führten es zu Weltruhm. Das Orchester mit seinem besonders warmen Klangtimbre wird nicht nur von Kritikern hoch gelobt. Auch die Berliner lieben »ihre« Philharmoniker, nicht zuletzt wegen ihrer Unkonventionalität. Kleine Späße tun der Professionalität keinen Abbruch: So intonieren die berühmten zwölf Cellisten schon mal das Volkslied »Mein Hut der hat drei Ecken« in zwölf Variationen mit wechselnden Soli.

Intern verfügen die Berliner Philharmoniker über eine starke demokratische Selbstverwaltung. Maßgebliche Entscheidungen treffen der Vorstand und der so genannte Fünferrat. 1989 wählten die Mitglieder Claudio Abbado zum Chefdirigenten und künstlerischen Leiter. Der Mailänder führte Orchester wie Zuhörer zu neuen Ufern zeitgenössischer Musik. Sein Nachfolger (seit 2001/2002), der Engländer Sir Simon Rattle, hat wie Abbado mit den Philharmonikern auch mehrere Aufnahmen produziert, so die Faust-Symphonie von Liszt, Mahlers Fünfte oder Beethovens Fidelio als Livemitschnitt aus der Berliner Philharmonie (www.berliner-philharmoniker.de).

Berlin – neben London und Paris – zu einem der führenden Studienorte für graphische Künste. Im Neubau ist auch die **Kunstbibliothek** mit Schwerpunkt europäische Grafik untergebracht.(Tel. 266 42 42 42, www.kupferstichkabinett.de, Di–Fr 10–18 Uhr, Sa/So 11–18 Uhr).

Restaurants

- In der Eingangshalle zwischen Gemäldegalerie und Kupferstichkabinett kann man sich in einer **Cafeteria** stärken – im Sommer auch im Gartenpavillon auf der Piazzetta.
- Im Musikinstrumentenmuseum serviert das **SIM-Café** kleine Gerichte.

**Gemäldegalerie 20

Glanzlicht des Kulturforums ist die Gemäldegalerie. Der moderne Kubus, der an der Sigismundstraße eine alte Tiergartenvilla einbezieht, stammt von den Architekten Heinz Hilmer und Christoph Sattler. Hier wurden nach jahrzehntelanger Trennung die Bestände des Dahlemer und des Bodemuseums in glanzvollem Rahmen wieder vereint. Die Gemäldesammlung von Weltrang bietet mit rund 1400 Werken einen Querschnitt durch die Entwicklung der europäischen Malerei vom 13. bis zum 18. Jh. (Eingang am Matthäikirchplatz, Tel. 266 42 42 42, www.smb.museum/, Di–So 10–18, Do 10–20 Uhr).

Erst-! klassig

**Neue Nationalgalerie 21

Das 1968 von Ludwig Mies van der Rohe erbaute Gebäude besteht komplett aus Stahl und Glas und orientiert sich an der Grundstruktur eines griechischen Tempels. So vermittelt die lichtdurchflutete Halle ein besonderes Raumerlebnis. Das Museum zeigt v.a. europäische Malerei und Plastik des 20. Jhs. mit Werken des Expressionismus (u.a. Kirchner, Schmidt-Rottluff), »Bauhaus« (u.a. Feininger, Klee), »Neue Sachlichkeit« (u.a. Dix, Grosz) bis zur Kunst der 1960er-Jahre – Frank Stella, Ellsworth Kelly (www.smb.museum, Tel. 266 42 30 40, Di, Mi, Fr 10–18, Do 10–22, Sa/So 11 bis 18 Uhr).

Shopping

Ave Maria

Der kitschig bunte Shop südlich des Kulturforums ist der Platzhirsch unter den Devotionalienläden.

- Potsdamer Str. 75
- Tel. 265 22 84
- Mo–Fr 12–18, Sa 12–15 Uhr

*Gedenkstätte Deutscher Widerstand 22

Mit einem bedrückenden Thema der deutschen Vergangenheit konfrontiert die Gedenkstätte Deutscher Widerstand. Die ständige Ausstellung im so genannten Bendlerblock informiert umfassend über die verschiedenen Gruppen des Widerstands gegen den Nationalsozialismus. Ergänzend dazu werden Dokumentarfilme zum Thema gezeigt. Das schlichte Ehrenmal im Hof des ehemaligen Oberkommandos der Wehrmacht erinnert an die Opfer des gescheiterten Attentats auf Hitler vom 20. Juli 1944 (Stauffenbergstr. 13/14, Tel. 26 99 50 00, www.gdw-berlin.de, Mo–Mi, Fr 9 bis 18 Uhr, Do 9–20 Uhr, Sa/So 10–20 Uhr, kostenlose Führungen nach Anmeldung, öffentliche Führung So 15 Uhr).

Botschaftsviertel

Weitere Spuren aus jener Zeit finden sich im alten und neuen Botschaftsviertel. In der reizvollen Gegend haben sich seit jeher ausländische Vertretungen in feudalen Villen niedergelassen. Albert Speer, der Generalbauinspektor im Dritten Reich, ließ 1938 die Villen von Aristokratie und Hochfinanz abreißen, um an ihrer Stelle moderne Gebäude für Botschaften und Konsulate erbauen zu lassen, auch einige Landesvertretungen der Bundesländer sind hier entstanden.

Ein eindrucksvolles Beispiel stellt die umfassend renovierte **Italienische Botschaft** (Tiergartenstr. 21-23/Hiroshimastr. 1) mit ihrer Front im Renaissancestil verkleidet mit römischem Travertin, dar.

Gleich daneben residiert im feudal anmutenden Japanisch-Deutschen Zentrum die **Japanische Botschaft,** die um den erhaltenen Kanzleitrakt aus den 1930er-Jahren neu aufgebaut wurde.

Einen modernen Kontrast dazu bilden z.B. die **Österreichische Botschaft** (Stauffenbergstr. 1) mit ihren drei in Farbe und Form verschieden gestalteten Flügeln sowie der Komplex der **Nordischen Botschaften** am sogenannten Klingelhöfer-Dreieck (Ecke Hofjägerallee/Stülerstraße), eine Komposition verschiedener Baumaterialien, umschlossen von einem Kupferband.

*Bauhaus-Archiv 23

Am Südende des neuen Zentrums leuchtet die weiße Fertigteilfassade des Bauhaus-Archivs mit ihren auffälligen Sheddächern. Das 1979 fertiggestellte Gebäude schuf Bauhaus-Gründer Walter Gropius. Es beherbergt eine einzigartige Sammlung von Architekturmodellen und -plänen, Designobjekten, Fotografien und Zeichnungen aus der Zeit des Bauhauses 1919 bis zu seiner Schließung 1933. Hinzu kommen wechselnde Sonderausstellungen von internationalem Ruf.

Im Museumsshop kann man Reproduktionen von Design-Ikonen – von Bauhaus bis heute – erstehen, u.a. die Bauhaus-Leuchte und Alvar-Aalto-Lampen (Klingelhöfer Str. 14, Tel. 254 00 20, www.bauhaus.de, Mi–Mo 10–17 Uhr).

Erst-klassig

Die Neue Nationalgalerie rechts im Bild

Die City-West

Das Beste!

- Shoppen am Kurfürstendamm › S. 112
- Schlemmen in der Feinkostabteilung des KaDeWe › S. 116
- Besichtigen des Schlosses Charlottenburg › S. 116
- Moderne Kunst im Museum Berggruen und in der Sammlung Scharf-Gerstenberg ansehen › S. 122

Rund um den Ku'damm kann man vor allem shoppen und bummeln. Auch das Schloss Charlottenburg und zahlreiche Museen in seiner Umgebung lohnen einen Besuch.

Die westliche Innenstadt wird aus den Ortsteilen **Wilmersdorf**, **Charlottenburg** und **Schöneberg** gebildet. Mittelpunkt der City-West sind Tauentzien und Kurfürstendamm. Bekannt sind auch Gedächtniskirche, Bahnhof Zoo oder das Theater des Westens. Nach wie vor ist der **Kurfürstendamm** der größte und vielseitigste Einkaufsboulevard der Stadt. Beim Flanieren sollte man gelegentlich Abstecher in die Seitenstraßen machen, denn auch hier locken schicke Boutiquen, gemütliche Cafés, gut sortierte Buchläden und verrückte Schnickschnack-Shops. Dabei kommt auch die Kultur nicht zu kurz: Namhafte Galerien, Auktionshäuser, Museen und Kirchen liegen am Weg. Pflicht ist natürlich ein Besuch des **KaDeWe** und besonders der Lebensmittel- oder eigentlich besser der Feinschmeckerabteilung. Und natürlich ist der Ku'damm auch immer noch eine Gegend zum Ausgehen mit zahlreichen Restaurants und Bars sowie Kinos und Theatern.

Aber die West-City bietet weitaus mehr als Shopping und nächtliches Vergnügen. Im und am **Schloss Charlottenburg** ist Kultur der internationalen Spitzenklasse angesiedelt. Schloss Charlottenburg und Umgebung sind für Kunstliebhaber ein ganz besonderes Vergnügen.

Nachdem man sich Gemälde französischer Meister des 18. Jhs. im neuen Flügel angeschaut hat, kann man im Schlosspark die dicken Karpfen füttern oder sich im Restaurant »Kleine Orangerie« bei einem Kaffee entspannen. Um sich danach frisch gestärkt ganz der modernen Kunst im **Museum Berggruen** und der **Sammlung Scharf-Gerstenberg** zu widmen.

Diese Skulptur am Wittenbergplatz symbolisiert die einstige Teilung der Stadt

Im KaDeWe

› Karte S. 115

Touren in der West-City

Tour 11 Bummel über den **Kurfürstendamm

Tour-Übersicht:

Verlauf: **Schaubühne › Theater des Westens › *Käthe-Kollwitz-Museum › *Kaiser-Wilhelm-Gedächtniskirche › **Kaufhaus des Westens**

Dauer: 4–6 Stunden

Praktischer Hinweis:

- Die Tour beginnt am U-Bahnhof Adenauerplatz Ⓤ7 und endet am U-Bahnhof Wittenbergplatz Ⓤ1, Ⓤ2, Ⓤ3.

Tour-Start:

Der 53 m breite Prachtboulevard diente ursprünglich als unbefestigter Verbindungsweg zwischen Berlin und dem Jagdschloss Grunewald, den Kurfürst Joachim II. Hektor zur Mitte des 16. Jhs. durch den märkischen Sand anlegen ließ. In der Kaiserzeit entwickelte sich der Ku'damm, wie die Berliner sagen, zu einer beliebten und vornehmen Adresse, an der Reiche und Prominente ihre Häuser errichten ließen und Luxusgeschäfte ihre Auslagen darboten. Die Bomben des Zweiten Weltkriegs rissen große Lücken in die Nobelbebauung.

Um die City West aufzupolieren, wurde der Ku'damm, genauer gesagt der Tauentzien bis zum Wittenbergplatz, durch eine neue Mittelpromenade verschönert. Im aufwändig restaurierten **Haus Cumberland** (Nr. 193–194), das vor einem Jahrhundert vom alten Hotel Adlon-Architekten Robert Leibnitz entworfen wurde, ist mit dem Grosz ein schönes urbanes Café-Restaurant entstanden. In Planung bzw. in der Realisierung sind verschiedene Bauprojekte in der Umgebung, so der Umbau des »Bikini-Hauses«, einem unattraktiven Gebäuderiegel in das neue Bikini Berlin, in das der Zoo Palast integriert wird und Geschäfte, Restaurants, Cafés und ein Designhotel, das 25hours, einziehen werden (bikiniberlin.de). Schräg gegenüber wurde im Frühjahr 2013 das Waldorf Astoria Hotel eröffnet.

Schaubühne 1

Knapp 20 Jahre nach ihrer Gründung zog die Schaubühne 1981 vom Halleschen Ufer in Kreuzberg an den Lehniner Platz. Seitdem residiert das Theater in dem 1928 von Erich Mendelsohn als »Universum-Kino« errichteten U-förmigen Gebäude. Seine besten Zeiten hatte es unter der Leitung von Peter Stein, bis 1985 Chefregisseur eines Starensembles. 2000 erfolgte eine komplette Neubesetzung um die Choreografin Sasha Waltz und den Regisseur Thomas Ostermeier. Frau Waltz hat das Haus zwar verlassen, aber ihre Choregrafien sind weiterhin zu sehen. Zur Aufführung kommen Tanztheater und zeitgenössische Autoren, im März findet das

»Festival Neue Dramatik« statt (www.schaubuehne.de).

Rund um den Olivaer Platz 2

Hier erreicht man den etwas ruhigeren Teil des Ku'damms, die Geschäfte sind exklusiv und teuer. Kaufanreize für pralle Geldbeutel gibt es genug. Einen Abstecher wert: Seitenstraßen wie die Schlüter-, Bleibtreu- und Knesebeckstraße mit ihren prächtigen Jugendstil- und Gründerzeithäusern.

Restaurants

La Mano Verde ●●●

Veganes Restaurant mit gehobener Küche. Viele Gerichte sind glutenfrei oder leckere Rohkost-Kreationen, die Kohlrabi-Ravioli mit Cashew-Creme-Füllung und Fenchel-Apfel-Salat sind beides.

- Uhlandstr. 181 | Charlottenburg
- Tel. 88 92 22 29
- tgl. 12–15.30, 18–23 Uhr

Enoteca il Calice ●●–●●●

Groß und nobel ist dieses Restaurant mit Vinothek, das gehobene italienische Küche und erlesene Weine serviert.

- Walter-Benjamin-Platz 4 | Charlottenb.
- Tel. 324 23 08
- Mo–Sa ab 12 Uhr

Ku'damm-Karree 3

Auf vier Etagen des Hochhauses am Ku'damm-Karree, in dem auch die Boulevardtheater »Komödie« und »Theater am Kurfürstendamm« ihr Domizil haben, breitet ein privat geführtes Museum The Story of Berlin aus. Höhepunkt ist der Atombunker unter dem Ku'damm, während man aus dem 14. Stock die Aussicht genießt (Kurfürstendamm 207/208, Tel. 88 72 01 00, tgl. 10 bis 20 Uhr).

Erst-! klassig

Savignyplatz 4

Ein Gang entlang der Knesebeckstraße führt zum Savignyplatz, einem belebten Stadtplatz, besonders

SEITENBLICK

Garten für alle

Bei schönem Wetter lädt der **Savignyplatz** zum Verweilen ein. Auf dem unter Denkmalschutz stehenden Fleckchen Wiese mit seinen bunten Staudenrabatten und kuscheligen Sitzlauben herrscht immer eine nette Atmosphäre. 1861 legte die Stadt hier einen steifen Schmuckplatz an, auf dessen Wegen die vornehmere Bürgerlichkeit ihre neueste Sonntagsgarderobe ausführen konnte, ansonsten aber galt: Betreten streng verboten! Doch dann kam 1912 Berlins fähiger Gartendirektor Erwin Barth und setzte seine reformerischen Ideen von einem »festlich-frohen Garten für alle sozialen Schichten« in die Tat um.

Am Südrand des Savignyplatzes steht heute der Nachbau eines historischen Eingangshäuschens aus den 20er-Jahren, der nun als Gasdruckregelanlage fungiert. Am Durchgang in den Park findet man die Hinterglasmalerei »Through the Looking Glass« der Berliner Künstlerin Ute Lindner: Ein Trupp von Leuten blickt in einen imaginären Raum im Park. Nachts verwandeln sich die Figuren durch die Beleuchtung zu dunklen Silhouetten vor einem leuchtend blauen Grund.

› Karte S. 115

Das Theater des Westens

attraktiv für Bücherfreunde und Anhänger des guten Essens und Trinkens.

Der Maler und Grafiker George Grosz wohnte hier nach der Rückkehr aus dem Exil. In der **Savigny-Passage** sind in den S-Bahnbögen Buchläden, Cafés und Restaurants untergebracht.

Shopping

Revanche de la femme

Extravagante Korsagen – und alles Unikate.

- Uhlandstr. 50 | Charlottenburg
- Tel. 85 10 38 78

Nana Kuckuck

Auf Maß geschneiderte, exzentrische Abendroben.

- Bleibtreustr. 52 | Charlottenburg
- Tel. 31 50 71 50

Küchenladen

Führt von der Bratpfanne bis zum edlen Trüffelhobel alles für Köche.

- Knesebeckstr. 26 | Charlottenburg
- Tel. 881 39 08

Viniculture

Toller Weinladen, dessen Inhaber sich auf Bio- und naturbelassene Weine spezialisiert hat – er berät bestens.

- Grolmanstraße 44–45
- Charlottenburg
- Tel. 883 81 74
- Mo–Fr 11–20, Sa 10–18 Uhr

*Theater des Westens 5

Die Kantstraße hinunter Richtung Bahnhof Zoo kommt man am Theater des Westens, Berlins bekanntester Musicalbühne, vorbei, in der über Wochen immer nur ein Stück läuft (Karten-Tel. 018 05-44 44). Das auffällige Gebäude wurde 1896 im kurvenreichen Stil der Belle Époque erbaut.

Die **Vagantenbühne** nebenan im Delphi-Haus ist ein ausgezeichneter Tipp für Gegenwartsdramatiker (Tel. 312 45 29, www.vaganten.de).

Museum für Fotografie 6

Hinter dem Bahnhof Zoologischer Garten sind Werke des verstorbe-

SEITENBLICK

Rund um den Zoo

Viel Neues gibt es rund um den Zoologischen Garten und den Bahnhof Zoo zu vermelden:

Im Frühjahr 2013 eröffnete die Luxusherberge **Waldorf Astoria** ihre Pforten. Das Kino **Zoo Palast** wird komplett renoviert und soll im herbst wiedereröffnet werden. Das benachbarte **Bikinihaus**, ein Gebäuderiegel aus den 50er-Jahren, wird zu einem modernen Shopping-Gastronomie-Komplex samt Hotel umgebaut.

rst-! lassig

nen Starfotografen Helmut Newton in Wechselausstellungen zu bewundern (Jebenstr. 2, Tel. 266 42 42 42, www.smb.museum, Di, Mi, Fr–So 10–18 Uhr, Do 10–20 Uhr).

Entlang der Fasanenstraße

Nördlich des Ku'damm steht in der Fasanenstraße 79/80 das ständig bewachte ***Jüdische Gemeindehaus** 7. Es wurde 1957 bis 1959 an der Stelle der von den Nazis verwüsteten Synagoge errichtet. Dabei bezogen die Architekten Dieter Knoblauch und Heinz Heise das Portal des alten Gebäudes in den Neubau mit ein. .

In jüdischem Familienbesitz war ursprünglich auch das **Kempinski Hotel Bristol Berlin** 8 an der Ecke zum Ku'damm, bis es 1937 »in arischen Besitz überführt« und die rechtmäßigen Besitzer enteignet wurden. Eine Gedenktafel am Eingang erinnert an die Geschichte des Hotels während des Nationalsozialismus (www.kempinski-berlin.de).

In der Fasanenstraße Nr. 24 hat das ***Käthe-Kollwitz-Museum** 9 seinen Sitz. Die kleine Ausstellung in dem spätklassizistischen Palais zeigt Zeichnungen, graphische Blätter und Skulpturen der sozial engagierten Künstlerin, die viele Jahre zurückgezogen inPrenzlauer Berg lebte und arbeitete (tgl. 11–18 Uhr).

Die benachbarte Gründerzeitvilla (Nr. 23) ist Sitz des **Literaturhauses.** Hier findet man eine anspruchsvolle Buchhandlung und das schöne Café im Literaturhaus (tgl. 9.30–24 Uhr). Erst-! klassig

Tour durch die City West

Tour 11

Bummel über den Kurfürstendamm

1 Schaubühne
2 Olivaer Platz
3 Ku'damm-Karree
4 Savigny-Platz
5 Theater des Westens
6 Museum für Fotografie
7 Jüdisches Gemeindehaus
8 Kempinski Hotel Bristol
9 Käthe-Kollwitz-Museum
10 Haus der Berliner Festspiele
11 Neues Kranzler Eck
12 Kaiser-Wilhelm-Gedächtnis-Kirche
13 Kaufhaus des Westens
14 Waldorf Astoria

› Karten S. 115, 118

Wellness

Saltero Salz Spa

Aus sieben Tonnen Steinsalz wurden zwei Salzräume aufgebaut, in denen man entspannen kann.

- Lietzenburger Str. 54 | Charlottenburg
- Tel. 66 30 32 58
- www.saltero.de
- Mo, Mi, Fr 10–18, Di, Do 12–20 Uhr

Haus der Berliner Festspiele 10

Die Berliner Festspiele sind 2001 in das Haus der früheren Freien Volksbühne eingezogen, wo nun Musik-, Theater- und Literaturveranstaltungen stattfinden, u.a. das Theatertreffen (Schaperstr. 24, www.berlinerfestspiele.de, Tel. 254 89-0).

Neues Kranzler Eck 11

Das traditionsreiche Café Kranzler (Ku'damm/Ecke Joachimstaler Str.) musste 2000 dem 16-geschossigen Neuen Kranzler Eck mit Shops und Büros weichen. Die denkmalgeschützte Fassade bewahrte das alte Kranzler vor dem Abriss. Das **Café Neues Kranzler** versprüht nicht mehr den gewohnten Charme.

*Kaiser-Wilhelm-Gedächtniskirche 12

Der neuromanische Bau (1891 bis 1895) wurde im Zweiten Weltkrieg ausgebombt. Proteste der Bevölkerung verhinderten den Abriss der Ruine. Egon Eiermann errichtete daneben 1961–63 den sechseckigen Glockenturm und den achteckigen Hauptbau der neuen Kirche. Die Turmruine dient als Museum und Mahnhalle.

**Kaufhaus des Westens 13

Mit einem Bummel durch das »KaDeWe«, das wohl berühmteste Kaufhaus Berlins, können Sie den Besichtungstag abschließen. Das Angebot ist unermesslich, die Feinkostabteilung im 6. Stock legendär (Tauentzienstr. 21-24, www.kadewe.de, Mo–Do 10–20, Fr 10–21, Sa 9.30–20 Uhr).

Tour 12 Rund ums Schloss Charlottenburg

Tour-Übersicht:

Verlauf: **Schloss Charlottenburg › *Gipsformerei › **Museum Berggruen › **Sammlung Scharf-Gerstenberg › *Bröhan-Museum › Keramik-Museum**

Dauer: 1 Tag (inklusive Museumsbesuche)

Praktische Hinweise:

- Das Schloss ist am besten mit den Buslinien 109, M45 und 309, alternativ mit den S-Bahnlinien Ⓢ41, Ⓢ42 und Ⓢ46 (Bahnhof Westend) zu erreichen. Per U-Bahn: die Ⓤ2 bis Sophie-Charlotte-Platz oder die Ⓤ7 bis Richard-Wagner-Platz.
- Vom Keramik-Museum ist es nicht weit zur Ⓤ7 Richard-Wagner-Platz.

Tour-Start: **Schloss Charlottenburg 14

Das glanzvollste der Berliner Hohenzollernschlösser ist ein Jahrhundertwerk, das in mehreren Bau-

Mitteltrakt des Charlottenburger Schlosses

etappen entstand: Alles begann damit, dass die Ehe zwischen Kurfürst Friedrich III. und seiner Gemahlin Sophie Charlotte ohne nennenswerte Gemeinsamkeiten verlief. Während der Herrscher militärischen Übungen nachging, pflegte seine Angetraute die gebildete Unterhaltung mit Leibniz oder lernte Französisch und Italienisch. Damit Sophie Charlotte ihr Leben nach ihrer Fasson führen konnte, ließ sie sich in dem damals noch ländlichen Örtchen Lietzow das Sommerschlösschen Lietzenburg bauen.

1695 begann Johann Arnold Nering den Mittelbau, der 1699 – noch ohne Turm – fertig gestellt wurde. Nachdem sich der Kurfürst 1701 zum ersten preußischen König gekrönt hatte, erteilte er dem schwedischen Architekten Johann Friedrich Eosander von Göthe den Auftrag zu dem 48 m hohen Kuppelaufsatz, den beiden Seitenflügeln und der Großen Orangerie im Westen.

Erst nach dem frühen Tod der Königin im Jahr 1705 erhielt die Anlage ihren heutigen Namen. Bis das Schloss Sanssouci in Potsdam vollendet war, wohnte auch Friedrich der Große gern hier, denn er hegte eine große Verehrung für seine Großmutter Sophie Charlotte.

In dieser Zeit ergänzte auch sein Architekt Georg Wenzeslaus von Knobelsdorff den Komplex um den lang gestreckten Neuen Flügel. Ihren Abschluss fand die Baugeschichte durch Friedrich Wilhelm II., der 1788 die Errichtung des Schlosstheaters durch Carl Gotthard Langhans veranlasste. 1943 wurde Charlottenburg bei einem Luftangriff so schwer beschädigt, dass man im Begriff war, die Ruine zu sprengen und sich allein die damalige Schlösserdirektorin Margarete Kühn für den Wiederaufbau einsetzte. Die vergoldete Wetterfahne kam erst 1952 während des Wiederaufbaus auf die Kuppelspitze. (Tel. 03 31-969 42 00, Spandauer Damm 20-24, www.spsg.de; Altes Schloss, historische Räume Winter Di–So 10–17, Sommer 10–18 Uhr. Der Neue Flügel ist seit November 2012 wegen Sanierungsarbeiten geschlossen.)

Historische Räume

Die **Räume** im Mitteltrakt und im rechten Seitenflügel von Charlot-

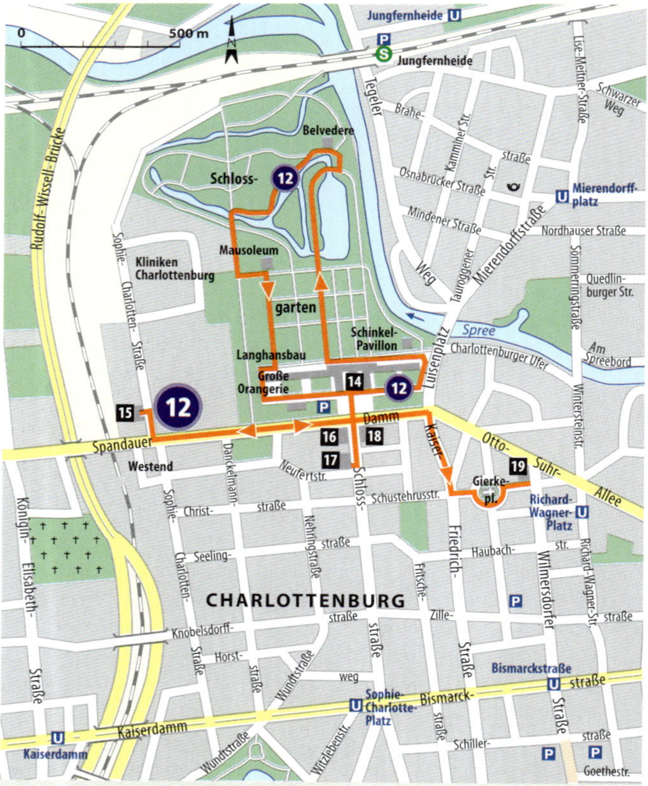

Tour durch die City West

Tour 12

Rund ums Schloss Charlottenburg

- 14 Schloss Charlottenburg
- 15 Gipsformerei
- 16 Museum Berggruen
- 17 Bröhan-Museum
- 18 Sammlung Scharf-Gerstenberg
- 19 Keramik-Museum Berlin

tenburg wurden in ihren alten Formen und Farben wiederhergestellt und können fast alle besichtigt werden.

Die **Wohnräume Friedrichs I. und Sophie Charlottes** kann man durchschreiten und deren Kunstschätze, vor allem die chinesischen Möbel und Gemälde u.a. von Caspar David Friedrich bewundern.

Was für exzessive Blüten die Chinaliebe der Kurfürstin treiben konnte, zeigt sich im ***Porzellankabinett.** Um die Wirkung des fernöstlichen Geschirrs zu steigern, ließ der Kurfürst die Sammlung durch Wandspiegel optisch vervielfältigen.

Neuer Flügel

Dieser Flügel, nach seinem Architekten auch Knobelsdorff-Flügel genannt, birgt im Obergeschoss die schönsten Räume, die das preußische Rokoko hervorgebracht hat: die erlesen ausgestalteten *Gemächer Friedrichs des Großen mit dem Konzertzimmer und dem Weißen Saal, der dem Monarchen als Speise- und Thronsaal diente. Für seine Tabakdosensammlung gab der Alte ein Vermögen aus. Eine Dose mit Einschussloch ist auch dabei. Sie soll Friedrich im Siebenjährigen Krieg das Leben gerettet haben. Der königlichen Sammelleidenschaft ist es zu verdanken, dass hier mit acht Werken Watteaus eine schöne Kollektion des Rokokomalers zu sehen ist.

rst-! lassig

Im ersten Stock liegt die **Goldene Galerie,** ein lichtdurchfluteter Festsaal, in sanftes Grün und Gold getaucht. Nach mehrjähriger Abwesenheit ist das berühmte **Doppelstandbild der Prinzessinnen Luise und Friederike von Preußen** wieder im Vestibül des Neuen Flügels zu sehen.

Neuer Pavillon

Fünf Jahre war er geschlossen und wurde renoviert, der Neue Pavillon. Seit Ende 2011 ist das Juwel aus der Schinkelzeit – Karl Friedrich Schinkel erbaute das zweigeschossige Sommerhaus 1824 im Auftrag von Friedrich Wilhelm III. – wieder für Besucher zugänglich. Friedrich Wilhelm III. ließ ihn 1824 von Schinkel für sich und seine zweite Gemahlin, die Fürstin Liegnitz, als Sommerwohnsitz errichten. Der anmutige Bau hat die neapolitani-

SEITENBLICK

Versunkener Schatz

Nicht nur die Residenz, auch das ***Reiterstandbild des Großen Kurfürsten** im Ehrenhof von Charlottenburg hat eine aufregende Geschichte: Seit seiner Entstehung im Jahr 1700 war es in der Nähe des Stadtschlosses aufgestellt.

Nach der Auslagerung im Zweiten Weltkrieg ging der Lastkahn mit dem schweren Koloss 1946 bei einer Havarie im Tegeler Hafen unter. Erst drei Jahre später konnte das Denkmal wieder geborgen werden.

Im Ehrenhof fand das Denkmal 1951 seinen neuen Standort. Es zeigt den Regenten als Sieger der Schlacht von Fehrbellin. Es gilt als das bedeutendste barocke Reiterdenkmal und wurde in einem Stück gegossen.

› Karte S. 118

Das Mausoleum von Königin Luise

sche Villa Chiatamone zum Vorbild (Di–So 10 bis 17 Uhr, Sommer bis 18 Uhr, letzter Einlass 30 Min. vor Schließzeit).

Der Schlosspark

Im vorderen Teil des großen Parks geben schön getrimmte Buchsbaumhecken, Zierpflänzchen, Wasserspiele und Orangenbäume den barocken Eindruck der Zeit Sophie Charlottes wieder, während im hinteren Teil die Umgestaltung in einen englischen Landschaftsgarten Ende des 18. Jhs. deutlich wird. Im Norden wurde dem Areal ein Trümmerhügel angegliedert, den die Berliner als Liegewiese, Spielplatz oder Rodelbahn nutzen. Erst-! klassig Ein einzigartiges Beispiel barocker Gartengestaltung ist das Parterre im Schlossgarten mit Kies- und Blumenflächen um eine Fontäne.

Im Garten, nahe der Spree, leuchtet die helle Fassade des **Neuen Pavillons** (Schinkel-Pavillon).

Das **Belvedere** am nordöstlichen Parkrand ließ Friedrich Wilhelm II. 1788 als Teehaus erbauen. Hier sind Erzeugnisse der Königlich Preußischen Porzellanmanufaktur (KPM) aus dem 18. und 19. Jh. ausgestellt (April–Okt. Di–So 10–18 Uhr).

Auf dem Rückweg kann man am ***Mausoleum** vorbeigehen. Friedrich Wilhelm III. hatte das Tempelchen 1810–1812 als Grablege für sich und seine Gemahlin, die sehr beliebte und früh verstorbene Königin Luise, bauen lassen. Dass Hohenzollern-Regenten nicht unbedingt den Berliner Dom für ihre Grablege wählten, sondern auch den eigenen Garten zur letzten Ruhestätte bestimmen konnten, hatte Friedrich der Große in Sanssouci vorgemacht. 1894 gelangten auch die Sarkophage Kaiser Wilhelms I. und seiner Gattin Augusta nach Charlottenburg (April–Okt. tgl. außer Mo 10–18, Nov. bis März geschlossen).

Zwischenstopp: **Restaurant**

Kleine Orangerie ●

Angenehmes, ruhiges Gartenlokal neben dem Parkplatz vorm Schloss.

- Spandauer Damm am Schloss Charlottenburg
- Tel. 322 20 21
- www.kleineorangerie.de
- Di–So 10–18 Uhr, Ende Nov.–Ende Dez. Mo–Fr 14–24, Sa/So 12–24 Uhr

*Gipsformerei 15

Die Gipsformerei ist ein besonderer Tipp für Kunstliebhaber. Diese Einrichtung der Staatlichen Museen zu Berlin ist neben den Werkstätten des British Museum in London und des Pariser Louvre einer der führenden Hersteller von Gipskopien.

Nicht nur Museen sondern auch Besucher können sich aus rund

SEITENBLICK

Berliner Seele: Zille

Nach wie vor ist Rudolf Heinrich Zille einer der populärsten Zeichner und Fotografen der Stadt. Mehr als 35 Jahre lebte der Künstler, der dem Volk aufs Maul schaute, in der Sophie-Charlotten-Straße 88, ganz nahe beim Schloss.

Zille wurde 1858 im sächsischen Radeberg geboren. Als er im Alter von neun Jahren mit seinen Eltern in die Hauptstadt zog, erfuhr er die harten Lebensbedingungen in den Arbeitervierteln am eigenen Leibe. Schon als Kind brachte er sich selbst das Zeichnen bei, lernte aber später »ordentlich« in Abendkursen auf der Königlichen Kunstschule. Als Freischaffender lieferte er Beiträge für die »Lustigen Blätter« und den »Simplicissimus«. Mit seinen satirisch-bissigen Darstellungen der Berliner Arbeiterklasse und des Lumpenproletariats ist er in die Geschichte eingegangen. In muffigen Hinterhöfen, schmuddeligen Kneipen und Armeleutewohnungen fand er seine Motive. Unschlagbar sein Bildwitz von den zwei Anglern, die trotz triefenden Regens am Ufer sitzen und warten, dass ein Fisch anbeißt. Sagt der eine zum anderen: »Mensch, Aujust, die Fische sinn nich so dämlich wie wir, bei det Sauwetter sitzen se alle unter de Brückenbogen, det se nich nass wer'n.«

Trotz der gesellschaftlichen Anerkennung, die der Zeichner erfuhr – 1924 ernannte ihn die Preußische Akademie der Künste zum Ordentlichen Mitglied – fühlte er sich dem »Milieu« stets zutiefst verbunden. Begraben liegt der Meister der Satire, der 1929 starb, auf dem Stahnsdorfer Waldfriedhof an der südwestlichen Peripherie Berlins. Ein Findling mit seinem Porträt, das der befreundete Bildhauer August Kraus fertigte, schmückt die letzte Ruhestätte des Humoristen.

Im Nikolaiviertel › S. 85 befindet sich das **Heinrich-Zille-Museum** mit Zeichnungen und Fotos von Zille (Mitte, Propststr. 11, Tel. 24 63 25 00, www.heinrich-zille-museum.de; tgl. 11–18 Uhr, April–Okt. bis 19 Uhr).

Erst-! klassig

7000 Vorlagen eine Venus von Milo, eine Büste der Nofretete oder einen Buddha fertigen lassen (Sophie-Charlotten-Str. 17/18, www.smb.museum/GF/, Tel. 32 67 69 11, Mo–Fr 9–16, Mi 9–18 Uhr, regelmäßig Führungen).

**Museum Berggruen 16

Seit 1996 residiert das Museum Berggruen im westlichen **Stülerbau** gegenüber dem Schloss Charlottenburg. Der Bau war 1851 von August Stüler für die Stallungen von König Wilhelm IV. geplant worden. Zwischen 1960 und 1993 hatte die Antikensammlung hier ihr Ausstellungsforum, bevor sie, wiedervereint mit den Beständen im Ostteil der Stadt, zurück ins Alte Museum auf die Museumsinsel zog. Die wertvolle Privatsammlung des Kunsthändlers Heinz Berggruen zeigt herausragende Werke der Klassischen Moderne, v.a. von Picasso, Klee, Giacometti und Matisse.

Auf drei Etagen werden unter dem Titel »**Picasso und seine Zeit**« über 100 Gemälde, Skulpturen und Papierarbeiten des Meisters gezeigt. Von Paul Klee sind über 60 Gemälde zu sehen, von Henri Matisse mehr als 20 Werke. Das Museum wurde saniert und um das benachbarte Kommandantenhaus ergänzt. (Schloßstr. 1, Tel. 266 42 42 42, Di bis So 10–18 Uhr).

*Bröhan-Museum 17

Kunstwerke der etwas anderen Art präsentiert das Bröhan-Museum nebenan, in einer alten Industriekaserne. Die Sammlung ist ein Geschenk des Hamburger Kaufmanns Professor Karl Bröhan. Über viele Jahre erstand der Stifter Möbel, Porzellan, Gläser, Gemälde und Objekte des Industriedesigns aus der Zeit zwischen der Pariser Weltausstellung 1889 und 1939. Gegliedert in die Gebiete Kunsthandwerk und Bildende Kunst von Jugendstil und Art déco bis zum Funktionalismus. Mehr als 1600 Kunstobjekte sind in der Abfolge ihrer Entstehung ausgestellt (Tel. 32 69 06 00, www.broehan-museum.de, Schloßstr. 1a, Di bis So 10–18 Uhr, 1. Mi im Monat freier Eintritt).

**Sammlung Scharf-Gerstenberg 18

Eine hochkarätige **Sammlung von Surrealisten** wird gegenüber vom Schloss Charlottenburg, im östlichen Stülerbau und im Marstall gezeigt. Bis 2008 war dort das Ägyptische Museum zu finden.

Erst-! klassig

Auf drei Etagen präsentieren sich über 250 Surrealisten und deren Vorläufer. Das Spektrum reicht von Piranesi, Goya und Redon bis zu Dalí, Magritte, Max Ernst und Dubuffet (Tel. 266 42 42 42, Schloßstr. 70, Di–So 10–18 Uhr).

Keramik-Museum Berlin 19

Im ältesten erhaltenen Bürgerhaus Charlottenburgs (1712) präsentiert das Keramik-Museum Berlin (KMB) in Sonderausstellungen seine Schätze (Schustehrusstr. 13, Tel. 321 23 22, www.keramik-museum-berlin.de, Fr–Mo 13–17 Uhr).

Trödelmarkt am Boxhagener Platz

Die Szeneviertel Prenzlauer Berg, Kreuzberg und Friedrichshain

Das Beste!

- **Kneipen und Szeneflair** im Prenzlauer Berg und rund um den Boxhagener Platz genießen › S. 125, 141
- **Sich im Dokumentationszentrum Berliner Mauer** mit der Ausstellung »Grenzblicke« informieren › S. 129
- **Bummeln** durch die Bergmannstraße › S. 133
- **Die Raumvisionen von Daniel Libeskind** im Jüdischen Museum auf sich wirken lassen › S. 136
- **In der Multikulti-Gegend** rund um die Oranienstraße ausgehen › S. 138

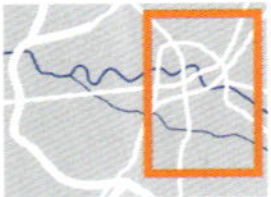

Viele Kneipen und schräge Läden – die Szeneviertel sind lebendiger Berliner Alltag.

Ein Spaziergang durch das größte erhaltene Wohnviertel aus der Gründerzeit rund um den Kollwitzplatz im Bezirk **Prenzlauer Berg** führt zu einer Fülle eigenwilliger Cafés, schräger Kneipen und spannender Kulturzentren, dieser Bezirk ist eine der beliebtesten Wohngegenden für junge Leute, aber auch für Familien mit Kindern.

Auch in **Kreuzberg** pulsiert das normale urbane Leben, oft faszinierend bunt, interessant und vielseitig. Gefeiert wird in den zahllosen Kneipen und Bars. Und auch wer gerne essen geht, kann in Kreuzberg leicht eine kulinarische Weltreise unternehmen. Zudem finden viele Künstler aus aller Welt hier eine Nische – entsprechend spannend ist das Angebot an unterschiedlichsten Veranstaltungen.

Auf dem Markt am Kollwitzplatz

Im südwestlichen Kreuzberg rund um den Chamissoplatz und die Bergmannstraße (ehemals 61 nach der einstigen Postleitzahl genannt) lebt vor allem das Bildungsbürgertum in den schön sanierten teilweise repräsentativen Altbauten. Hier errangen die Grünen bei der Bundestagswahl 2005 ihr bundesweit einziges Direktmandat. Im nordwestlichen Teil des Bezirks befinden sich mit dem Jüdischen Museum, dem Martin-Gropius-Bau, dem Deutschen Technikmuseum, der Topographie des Terrors oder dem Checkpoint Charlie einige Hotspots, die auch auf keinem klassischen Berliner Sightseeing-Trip fehlen sollten. Im Osten Kreuzbergs (ehemals 36 genannt) kann die Multi-Kulti-Atmosphäre nicht überall darüber hinwegtäuschen, dass hier auch viele wirtschaftlich benachteiligte Menschen leben. So gilt etwa die Gegend rund um das Kottbusser Tor als sozialer Brennpunkt.

In **Friedrichshain**, das seit der Bezirksreform eine Verwaltungseinheit mit Kreuzberg bildet, zieht die East Side Gallery mit ihren bunt bemalten Resten der Berliner Mauer viele Touristen an. Die O_2 World erweist sich mit Musik- und Sportveranstaltungen als Publikumsmagnet. Kneipenbummler werden im Kiez rund um den Boxhagener Platz fündig.

› Karte
S. 126

Touren durch die »Szeneviertel«

Tour 13 Der Prenzlauer Berg

Tour-Übersicht:

Verlauf: ***Jüdischer Friedhof › *Prater › *Kulturbrauerei › *Kollwitzplatz › *Gedenkstätte Berliner Mauer Bernauer Straße**

Dauer: 4–6 Stunden

Praktische Hinweise:

- Start- und Endpunkt: Senefelderplatz Ⓤ2.
- Zur Mauergedenkstätte an der Bernauer Straße fährt man vom Senefelder Platz eine Station bis U-Bahnhof Eberswalder Straße und nimmt die Tram 10 bis Gedenkstätte Berliner Mauer.
- Vom Nordbahnhof kommt man mit den Linien Ⓢ1, Ⓢ2, Ⓢ25 ins Stadtzentrum zurück.

Tour-Start:

Nach dem Stadtteil Kreuzberg ist Prenzlauer Berg der am dichtesten besiedelte Stadtteil Berlins, ein typischer ehemaliger Arbeiterbezirk mit Mietskasernen, Hinterhöfen und Quergebäuden. Ein Streifzug durch das Altbauviertel gibt jedoch nur noch teilweise einen Eindruck vom wildromantisch vergammelten, aber originellen Bild des neuen deutschen Ostens.

Zwar gibt es immer noch unsanierte Ecken, aber Prenzlauer Berg ist schicker geworden. Kein Wunder, dass der Bezirk mit seiner guten Infrastruktur, dem gastronomischen und kulturellen Angebot – beispielsweise Prater und Kulturbrauerei – viele junge Familien anzieht. Doch nun läuft bereits die dritte Verdrängungswelle. Der Kiez wird langsam teuer. Inzwischen soll nur noch ein geringer Teil der Bevölkerung auch schon zu Wendezeiten hier gewohnt haben.

Am Rande des Bezirks an der Bernauer Straße versuchen Mauergedenkstätte und Dokumentationszentrum das Bewusstsein an die Zeit der Teilung und das menschenverachtende Grenzsystem der DDR aufrechtzuerhalten.

Pfefferberg 1

Eine ehemalige Brauerei ist der Pfefferberg zwischen Christinenstraße und Schönhauser Allee: Wo bis 1921 Bier gebraut wurde, entsteht nach umfangreicher Sanierung nach und nach ein Kreativzentrum mit Gastronomie und Kulturangeboten.

Zwischenstopp: Restaurant

Tauro

Spanisches XL-Restaurant mit Pasta-Bar, Delikatessenladen und Grillrestaurant auf dem Pfefferbergsgelände. Im Sommer mit großem Biergarten.

- Schönhauser Allee 176 | Prenzl. Berg
- Tel. 40 05 60 48
- www.tauro-berlin.de
- Tgl. ab 11.30 Uhr, Feinkostladen ab 9, So ab 11 Uhr

*Jüdischer Friedhof 2

In Höhe der Schönhauser Allee 23/25 liegt der Jüdische Friedhof. Im Schatten der hohen Bäume liegen berühmte Berliner Persönlichkeiten wie der Komponist Giacomo Meyerbeer, der Verleger Leopold Ullstein und der Maler Max Liebermann begraben. Der Friedhof wurde 2004 um ein Lapidarium erweitert: In der Halle werden wertvolle Grabsteine vor der Witterung geschützt (Schönhauser Allee 23/25, Öffnungszeiten Mo–Do 7.30 bis 16, Fr 8–14.30 Uhr; männliche Besucher bitte mit Kopfbedeckung, die am Eingang ausgeliehen werden kann).

*Prater 3

Einen Bierausschank gab es an der Kastanienallee 7–9 schon vor über 175 Jahren; später siedelten sich auch andere Vergnügungsstätten wie Filmtheater und Varieté an. Jetzt amüsieren sich hier wieder Groß und Klein sowie Szenegänger. Mit einem der schönsten Biergärten Berlins, Tanzsaal, Restaurant und Spielstätte der Volksbühne am Rosa-Luxemburg-Platz gehört der Prater zu den wichtigen Kulturstätten der Stadt › **S. 34**. Entlang der Kastanienallee, die wegen ihrer vielen Flaneure »Casting-Allee« genannt wird, gibt es zahlreiche Cafés, Restaurants, Design- und Modeläden.

Erst-klassig

Zwischenstopp: **Restaurant**

Für den kleinen Hunger bietet sich ein Abstecher in die Oderberger Straße an: **Teigwaren** ist ein Mix aus kleiner Nudelmanufaktur und Bistro. Die hausgemachten Teigtaschen, -rollen, -fladen & Co. sind lecker und bezahlbar.

Tour durch Prenzlauer Berg

Tour 13

Der Prenzlauer Berg

1 Pfefferberg
2 Jüdischer Friedhof
3 Prater
4 KulturBrauerei
5 Husemannstraße
6 Kollwitzplatz
7 Wasserturm
8 Synagoge Friedenstempel

- Oderberger Str. 41
- Tel. 25 09 76 71
- Di–So ab 12 Uhr

*KulturBrauerei 4

Das trapezförmige, frühere Gelände der Schultheiß-Brauerei – ab 1891 unter Leitung von Kaiser Wilhelms Architekten Franz Schwechten erbaut, ist heute nach aufwendiger Sanierung ein Kultur-, Gewerbe- und Dienstleistungszentrum. Unter neuer Leitung dient die Brauerei, ein reizvolles Beispiel für Industriearchitektur, als »alternativer Kultur-

Flohmarkt oder Party, die Events in der Kulturbrauerei sind vielfältig

› Karte S. 126

standort« für Konzerte, Theater und Lesungen. Im Hof erinnern die Portalüberschriften »Pferdestall«, »Flaschenbier« und »Böttcherwerkstatt« an die Bewirtschaftung. Es gibt auch einen bayerischen Biergarten (Knaackstraße 97, Tel. 44 31 51 52, www.kulturbrauerei-berlin.de).

Was in der Kulturbrauerei, in Prenzlauer Berg, Pankow und Weißensee los ist, erfährt man bei **tic Tourist Information Center**. Im Infobüro im Maschinenhaus der ehemaligen Brauerei bekommt man auch Tickets für die Veranstaltungen in der Kulturbrauerei, Berlin-Literatur und Souvenirs. Außerdem kann man hier für Führungen durch den Bezirk per pedes oder mit dem Fahrrad anmelden (Schönhauser Allee 36, Prenzlauer Berg, Tel. 44 35 21 70, tgl. 11–19 Uhr.

In der Nähe der Kulturbrauerei findet man mit dem **Kochhaus** ein ungewöhnliches Lebensmittelgeschäft. Wie das erste Kochhaus in Schöneberg (Akazienstr. 1) ist es ein »begehbares Rezeptbuch«. (Schönhauser Allee 46, Tel. 577 08 91 00, Mo–Sa 10–21 Uhr).

SEITENBLICK

Wer hier lebte

Im Prenzlauer Berg haben immer Leute gelebt, die regimekritisch dachten: im Dritten Reich, als der Prenzlauer Berg Hochburg des kommunistischen Widerstands war, wie zu DDR-Zeiten, als hier die meisten Wahlverweigerer Berlins lebten. Ohne staatliche Zuweisung bezogen junge Leute leer stehende Wohnungen. Nicht zufällig formierte sich die Bewegung des politischen Umbruchs 1989 in der Gethsemanekirche an der Stargarder Straße, wurde am 9. November 1989 an der Bornholmer Straße im Norden des Bezirks die erste Bresche in die Mauer geschlagen.

Husemannstraße 5

Der Abschnitt der Husemannstraße zwischen Kollwitzplatz und Sredzkistraße wurde bereits zu DDR-Zeiten in eine Art Museum verwandelt, denn als man Anfang der 1980er-Jahre die Gebäude sanierte, wurde jede einzelne Fassade auf Altberlin getrimmt. »Mass-Atelier und Damenschneiderei« ist z.B. in alter Schrift zu lesen.

Am *Kollwitzplatz 6

Mitten auf dem Kollwitzplatz steht das **Käthe-Kollwitz-Denkmal**, das Gustav Seitz 1958 in Anlehnung an ein Selbstbildnis der Geehrten schuf. Es spricht von der Resignation der Künstlerin unter dem Nationalsozialismus. Über 50 Jahre wohnte sie mit ihrem Mann, dem Armenarzt Karl Kollwitz, im Eckhaus Kollwitzstraße 25. Fast unbemerkt von den Nachbarn schuf die Künstlerin ihre eindringlichen Werke.

Äußerst beliebt und belebt ist der samstägliche Markt auf dem Kollwitzplatz. In den umliegenden Seitenstraßen, am besten in einem der zahlreichen kleinen Läden und Boutiquen, in den Cafés, Bars,

SPECIAL

Mauer-Erinnerungen

Am 10. Jahrestag des Mauerfalls, am 9. November 1999, wurde das **Dokumentationszentrum Berliner Mauer** mit der Ausstellung »Grenzblicke« eröffnet. Es ist Teil der ***Gedenkstätte Berliner Mauer** an der Bernauer Straße. Hier, zwischen den Bezirken Prenzlauer Berg und Wedding, verlief die Grenze zwischen Ost und West. Das Zentrum bietet vielfältige Informationen zur Geschichte der Berliner Mauer und dient zugleich der Erforschung der Geschichte der Teilung Berlins und Deutschlands. Im **Besucherarchiv** können Bürger in Text-, Ton-, Bild- und Filmdokumenten eigenständig recherchieren.

Ebenfalls Teil der Gedenkstätte ist die **Kapelle der Versöhnung**, ein ovaler Stampflehmbau mit Wandelgang und lichtdurchlässiger Holzlamellen-Fassade. Früher stand dort die Kirche der Evangelischen Versöhnungsgemeinde. Sie wurde 1985 auf Befehl der DDR-Regierung gesprengt. Vor der Kapelle hängen die geretteten Glocken der Kirche, innen liest das »Mauertotenbuch«.

Gedenkstätte Berliner Mauer, Bernauer Straße 111, 13355 Berlin, Tel. 467 98 66-66, www.berliner-mauer-gedenkstaette.de, April bis Okt. Di–So 9.30–19, Nov.–März Di–So 9.30–18 Uhr, Eintritt frei.

Weitere Infos rund um die Mauer und über den Mauerweg unter www.berlin.de/mauer.

Der **»Berliner Mauerweg«**, ein 160 km langer Rad- und Wanderweg, führt in mehreren Abschnitten rund um das ehemalige West-Berlin und zeichnet dabei den Grenzverlauf nach. An rund 40 Stationen erhält man Informationen zu Teilung und Mauerbau.

› Karte S. 126

Typisches Prenzlauer-Berg-Flair

Kneipen und Restaurants, kann man das typische Prenzlauer-Berg-Flair erleben.

Erst-! klassig

Restaurants

Meierei ●●

In dem Bistro unweit des Kollwitzplatzes wird auf Bio-Produkte gesetzt und herrlich alpenländisch gekocht.

- Kollwitzstraße 42
- Tel. 92 12 95 73
- www.meierei.net
- Mo–Fr 8–20, Sa 9–18, So 10–18 Uhr

Gugelhof ●●

Seit Bill Clinton hier speiste, wollen viele die Küche des Dreiländerecks Baden/Elsass/Schweiz probieren.

- Knaackstr. 37
- Tel. 442 92 29
- www.gugelhof.de
- Mo–Fr ab 16, Sa/So ab 10 Uhr

Sowohlalsauch ●

Café, Backstube und Feinkostladen. Große Auswahl an Torten und Kuchen-Kreationen, die außerordentlich lecker schmecken.

Erst-! klassi

- Kollwitzstraße 88
- www.tortenundkuchen.de
- tgl. 8–2 Uhr

Shopping

Sugafari

»Kuriose Süßigkeiten aus aller Welt« steht am Schaufenster und genau das gibt es in dem kleinen, süß eingerichteten Laden mit Koffern voller Naschzeug.

- Kopenhagener Str. 69
- Tel. 95 60 97 13
- Di–Fr 15–19.30, Sa 11–16 Uhr

Unikaterie

Ungewöhnliches und Einmaliges, ob Mode, Blechspielzeug oder Leinentaschentücher.

- Kollwitzstraße 52
- Tel. 31 56 91 24
- Mo–Sa 11–19 Uhr

Wasserturm 7 und Synagoge 8

Wahrzeichen von »Prenzelberg« ist der **ehemalige Wasserturm** auf dem Mühlenberg von 1856. Oben war der Hochwasserbehälter, darunter die Wohnungen für Wasserwerker. Die SA missbrauchte die Kellergewölbe als Gefängnis. Diese sind bei Führungen oder Veranstaltungen zugänglich.

Im Hof der Rykestraße 53 steht mit der **Synagoge Friedenstempel** das einzige jüdische Gotteshaus, das die Nazis in der Pogromnacht am

9. November 1938 nicht in Brand steckten. Die größte jüdische Synagoge Deutschlands mit 1200 Plätzen wurde nach langer Sanierung im Sommer 2007 eingeweiht.

Zwischenstopp: Restaurant

Gleich nebenan liegt das **Pasternak**, die russische Café-Restaurant-Institution am Wasserturm.

- Knaackstr. 22/24
- Tel. 441 33 99
- tgl. 9–1 Uhr

Tour 14 Durch das westliche Kreuzberg

Tour-Übersicht:

Verlauf: Flughafen Tempelhof › Bergmannstraße › **Deutsches Technikmuseum › Anhalter Bahnhof › *Checkpoint Charlie › **Jüdisches Museum

Dauer: 1 Tag, inklusive Museumsbesuche

Praktische Hinweise:

- Startpunkt ist der Platz der Luftbrücke vor dem Flughafen Tempelhof Ⓤ6, Endpunkt der Tour ist das Hallesche Tor Ⓤ1, Ⓤ6.
- Um den recht langen Weg abzukürzen, könnte man vom Mehringdamm mit der Ⓤ6 bis zur Haltestelle Kochstraße in der Nähe des Checkpoint Charlie fahren.
- Das Technikmuseum erreicht man, indem man vom Halleschen Tor mit der Ⓤ1 bis zur Haltestelle Gleisdreieck fährt.

Tour-Start: Flughafen Tempelhof 9

Von 1937 bis zur Eröffnung des Flughafens Tegel 1975 wurde fast der gesamte Berliner Luftverkehr hier abgewickelt, einschließlich der Versorgung der Bevölkerung durch die Alliierten bei der Blockade 1948/49. Daran erinnert das **Luftbrückendenkmal** mit drei nach Westen aufstrebenden Bögen. Im Oktober 2008 wurde der Flughafen geschlossen.

Als Volkspark Tempelhof wurde es knapp zwei Jahre später für die Öffentlichkeit freigegeben. Auf den 380 ha der Tempelhofer Freiheit, wie das Gelände jetzt heißt, wurden Grill-, Picknick- und Hundeauslaufplätze geschaffen sowie Radler-, Skater- und Joggingstrecken eingerichtet.

Die zwei mal jährlich stattfindende Modemesse »Bread & Butter« hat den ehemaligen Flughafen zu ihrem Domizil erklärt.

FÜHRUNGEN ZUR GESCHICHTE des Flughafens, der unter Denkmalschutz steht, finden nach Anmeldung statt (www.tempelhoferfreiheit.de, Tel. 200 03 74-41).

Viktoriapark 10

Von der Großbeerenstraße am Eingang zum Viktoriapark hat man einen einmaligen Blick bergauf über einen Wasserfall. 13 000 l Wasser stürzen hier pro Minute hinunter, sofern Sponsoren die Wasserrechnung begleichen.

Im Park kann man entweder im Biergarten Golgatha Rast machen

› Karte S. 132

oder hinaufgehen zum **Kreuzbergdenkmal** von 1821 in 66 m Höhe. Karl Friedrich Schinkel hat es zur Erinnerung an die Freiheitskriege entworfen. Von hier oben hat man vor allem im Winter, wenn die Parkbäume unbelaubt sind, einen schönen Blick über die Stadt.

Unterhalb des Parks erinnert in der Methfesselstraße 10 eine Gedenktafel daran, dass dort **Konrad Zuse** von 1936–1944 den ersten funktionsfähigen Computer der Welt gebaut hat.

Zwischenstopp: **Restaurant**

Im **+39 piutrentanove** (●–●●) bekommt man Pizzen im XXL-Format.

- Möckernstr. 73
- Tel. 700 94 206
- Mo–Sa ab 11.30, So ab 10.30 Uhr

Riehmers Hofgarten 11

Als um 1900 in der expandierenden Hauptstadt die trostlos engen und muffigen Mietskasernen wie Pilze aus dem Boden schossen, dachte sich der Maurermeister Wilhelm F. A. Riehmer, dass es auch anders

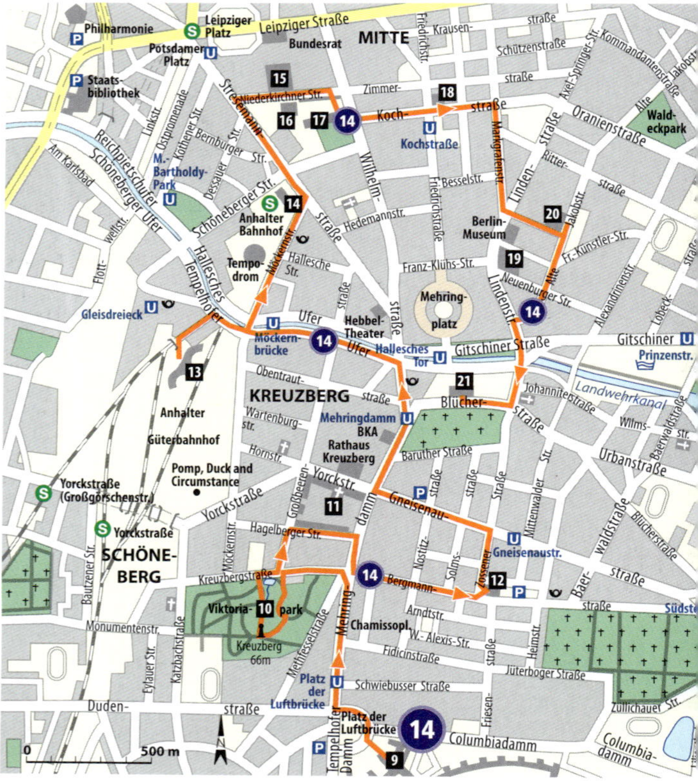

gehen müsse. Er entschloss sich zum Bau der 20 fünfgeschossigen Bauten entlang der Yorck-, Hagelberger- und Großbeerenstraße. Die hohen Räume, reich geschmückten Neorenaissancefassaden und der parkartige Innenhof erlauben gehobenes innerstädtisches Wohnen. Drumherum haben sich Geschäfte, ein Kino und Restaurants etabliert.

Restaurants

Früher ein Imbiss, heute ausgebaut zu einem kleinen Restaurant ist das

Sufis (●, Yorckstr. 82, tgl. 12–24 Uhr) weiterhin eine »der« Adressen für orientalische Spezialitäten, allem voran die Falafel.

Nicht entgehen lassen sollte man sich Thomas Kurts Kreationen im **e.t.a. hoffmann** (●●–●●●, Yorckstr. 83, Mi–Mo ab 17 Uhr). Mitten im Alt-Berliner Gebäudekomplex Riehmers Hofgarten lohnt das **Riehmers** (●●) den Besuch (Zugang über Hagelberger Str. 9, Di–So ab 18 Uhr).

Rund um die Bergmannstraße

Die Bergmannstraße ist mit der sanierten **Marheineke-Markthalle** **12** regionale und Bioprodukte (Ecke Zossener Straße), gemütlich-staubigen Trödelläden im Souterrain, ein paar schrägen Boutiquen sowie preiswerten Imbissen, Kneipen und Szenecafés eine herrliche Flanier- und Einkaufsmeile, die sich aber nach und nach immer mehr herausputzt. Jedes Jahr im Juni findet hier das Bergmannstraßenfest statt: An **Erst-! klassig**

Tour durch Kreuzberg

Tour 14

Durch das westliche Kreuzberg

- **9** Flughafen Tempelhof
- **10** Viktoriapark
- **11** Riehmers Hofgarten
- **12** Marheineke-Markthalle
- **13** Deutsches Technikmuseum
- **14** Anhalter Bahnhof
- **15** Preußischer Landtag
- **16** Martin-Gropius-Bau
- **17** Topographie des Terrors
- **18** Checkpoint Charlie
- **19** Jüdisches Museum
- **20** Berlinische Galerie
- **21** Gedenkbibliothek

drei Tagen spielen auf zahlreichen Bühnen Jazz- und Bluesbands.

Der nahe gelegene **Chamissoplatz** mit seinen restaurierten Gründerzeithäusern war in den 80er-Jahren Zentrum der Hausbesetzerbewegung und ist heute eine beliebte Wohnadresse. Am Samstag findet auf dem Platz ein beliebter **Öko- und Bio-Markt** statt.

Ein besonderes Theater ist das **English Theatre Berlin**, ehemals Friends Of Italian Opera. Es bringt klassische wie zeitgenössische britische und US-Theaterklassiker sowie Comedy ausschließlich original in englischer Sprache auf die Minibühne (Fidicinstr. 40, Tel. 691 12 11, www.etberlin.de).

Erst-! klassig

Alles vegetarisch

- **Seerose** ●
  Aus rund 16 Gerichten kann man sich am vegetarischen Büffet zwei, drei oder vier Speisen auswählen.
  Mehringdamm 47 | Kreuzberg
  Tel. 69 81 59 27
  Mo–Sa 9–24, So 12–23 Uhr
- **Yellow Sunshine** ●
  Serviert wird Fastfood: Burger für Vegetarier und Veganer – und natürlich alles bio, vegetarisch oder vegan.
  Wiener Str. 19 | Kreuzberg
  Tel. 69 59 87 20
  tgl. ab 12 Uhr
- **Yoyo-Foodworld** ●
  Vegan-vegetarischer Bio-Fastfood-Laden: Pizzen, Salate, Wraps, Burger.
  Gärtnerstr. 72 | Friedrichshain
  www.yoyofoodworld.com
  tgl. 12–24 Uhr
- **Cookies Cream** ●●
  Bestes vegetarisches Restaurant der Stadt. Sehr szenig und innovativ.
  Behrenstr. 55 | Mitte
  Eingang über den Hinterhof
  Tel. 27 49 29 40
  Di–Sa ab 18 Uhr
- **Kopps**
  Koch und Kochbuchautor Björn Moschinski serviert deutsche Gerichte vegan und kreativ.
  Linienstr. 94 | Mitte
  Tel. 43 20 97 75
  Mo–Fr ab 11.30, Sa/So ab 10 Uhr

**Deutsches Technikmuseum 13

Der Rosinenbomber, der am Landwehrkanal in der Luft schwebt, gehört zum Erweiterungsbau des Deutschen Technikmuseums, das mehrere Jahrhunderte Technikgeschichte präsentiert. Im Neubau kann man die Geschichte der Schiff- und Luftfahrt verfolgen. V.a. für Kinder ein Muss (Trebbiner Str. 9, Tel. 90 25 40, www.sdtb.de, Di–Fr 9–17.30 Uhr, Sa/So 10 bis 18 Uhr)!

Erst-! klassig

Anhalter Bahnhof 14

Der Anhalter Bahnhof war nach seiner Errichtung in der Gründungszeit des Deutschen Reiches der verkehrsreichste Berliner Fernbahnhof. Kaiser und Könige aus aller Welt wurden hier begrüßt, Staatsempfänge zelebriert. Im Zweiten Weltkrieg wurde das Gebäude stark in Mitleidenschaft gezogen. Erhalten ist die Ruine des Eingangsportals. Am südlichen Rand des Bahnhofgeländes bietet das **Tempodrom** in einem spektakulären zeltförmigen Bau Konzerte und Events aller Art (www.tempodrom.de).

Hinter dem Anhalter Bahnhof und in unmittelbarer Nähe des Deutschen Technikmuseums verwandelt sich die ehemals größte Brachfläche Berlin, das 150 Jahre lang Bahngelände war, in den **Park am Gleisdreieck**. Bis 2011 entstand der 17 ha große Ostpark, anschließend bis 2013 der Westpark. Künftig kann man dort auf einem Rundweg spazieren gehen, Rad fahren und Joggen, es wird Rasen- und Sportflächen geben.

Checkpoint Charlie

Niederkirchnerstraße

Das prächtige Palastgebäude des ***Preußischen Landtags** 15 ist ein Überbleibsel des früheren Berliner Regierungsviertels beiderseits der Wilhelmstraße. Seit 1993 hat hier das Berliner Abgeordnetenhaus seinen Sitz.

Die Mauer verlief längs der Niederkirchnerstraße und trennte den Landtag vom direkt gegenüber gelegenen ****Martin-Gropius-Bau** 16. Seit seiner Restaurierung 1999/2000 ist das Gebäude mit dem eindrucksvollen Lichthof zu einem der wichtigsten Ausstellungsorte Berlins geworden (www.berlinerfestspiele.de, Tel. 25 48 60, Mi–Mo 10–19 Uhr).

Die Dokumentationsstätte **Topographie des Terrors** 17 auf dem Prinz-Albrecht-Gelände direkt neben dem Martin-Gropius-Bau nimmt ehemalige Räume des Verfolgungsapparats der Nazis ein. Nach dem Krieg wurden der Sitz der Gestapo, die Räume der SS-Führung und des SS-Sicherheitsdienstes sowie das Reichssicherheitshauptamts planiert. Erst in den 1980er-Jahren legte man die Folterkeller frei.

Nach 23 Jahren provisorischer Ausstellung wurde im Mai 2010 der Neubau des Dokumentationszentrums mit einer neu konzipierten, eindringlichen Ausstellung eröffnet (Niederkirchnerstr. 8, Tel. 25 45 09-50, www.topographie.de, tgl. 10 bis 20 Uhr, Außenbereiche bis Einbruch der Dunkelheit).

*Checkpoint Charlie 18

Checkpoint Charlie war bis 1989 eine Kontrollstelle zwischen West- und Ostteil der Stadt, der für Botschaftsangehörige, Patrouillen und Bürger der alliierten Staaten eingerichtet war. Das Mauermuseum zeigt eine Sammlung von Geräten, mit denen DDR-Bürger den Todesstreifen überwinden konnten bzw. wollten, sowie Dokumente zur Tei-

Erst-! klassig

Der Grundriss des Jüdischen Museums gleicht einem aufgesprengten Davidstern

lung Berlins (Friedrichstr. 43-45, Tel. 253 72 50, www.mauer-museum.de; tgl. 9–22 Uhr).

Galeriehaus Lindenstraße

Neben dem Kunstquartier in der Zimmerstraße gibt es inzwischen ein weiteres: das Galeriehaus in der Lindenstraße 34/35. In dem vom dem Galeristen Claes Nordenhake erworbenen Bau aus dem Jahre 1912 haben sich inzwischen gut ein Dutzend internationale Galerien angesiedelt (Di–Sa 11–18 Uhr).

11 **Jüdisches Museum 19

Der ungewöhnliche, silberfarbene Bau des Architekten Daniel Libeskind gehört mit seinen Licht- und Sehschlitzen sowie der ungewöhnlichen Raumgestaltung zu den Publikumsmagneten unter den Berliner Museen. Auf 3000 m^2 präsentiert eine Dauerausstellung Zeugnisse zweier Jahrtausende deutsch-jüdischer Geschichte (Lindenstr. 9-14, Tel. 25 99 33 00, www.jmberlin.de, Di–So 10–20, Mo 10–22 Uhr Eintritt 7 €, erm. 3,50 €).

Berlinische Galerie 20

Hinter dem Jüdischen Museum zeigt in einem ehemaligen Glaslager das Landesmuseum für Moderne Kunst, Fotografie und Architektur – kurz Berlinische Galerie – innovative Kunst ab 1870 (Alte Jakobstr. 124-128, Tel. 78 90 26 00, www.berlinischegalerie.de, Mi–Mo 10 bis 18 Uhr, Eintritt 8 €, ermäßigt, 5 €, Kinder bis 18 Jahre frei).

Gedenkbibliothek 21

Über den Mehringplatz, nach 1945 von Hans Scharoun umgestaltet, geht es, vorbei an der Friedenssäule, zum Blücherplatz. Hinter einer 1950er-Jahre-Fassade verbirgt sich die Gedenkbibliothek, die meistfrequentierte Stadtbibliothek Berlins.

Tour 15 Vom Kottbusser Tor nach Friedrichshain

Tour-Übersicht:

Verlauf: **Kottbusser Tor › Maybachufer › Oranienstraße › Oberbaumbrücke › *East Side Gallery › O2-World › Simon-Dach-Straße ›Volkspark Friedrichshain**

Dauer: 4–6 Stunden

Praktische Hinweise:

- Vom Halleschen Tor (Endpunkt Tour 10 sind es zwei U-Bahn-Stationen mit der Ⓤ1 (oberirdisch!) zum Kottbusser Tor, dem Ausgangspunkt.
- Um weiter nach Friedrichhain zu gelangen, empfiehlt es sich, mit der Ⓤ1 von der Station Görlitzer Bahnhof Richtung Warschauer Straße bis zur Station Schlesisches Tor zu fahren.
- Diese Tour lässt sich auch gut mit einer Schiffsfahrt auf Landwehrkanal und Spree verbinden. In diesem Fall nutzt man die Anlegestelle an der Kottbusser Brücke.

Tour-Start: Rund um das Kottbusser Tor 22

Der Bahnhof und seine Umgebung sind kein schönes Pflaster. Das multikulturelle »Kreuzberg 36« wurde in den 1970er- und 1980er-Jahren durch seine Hausbesetzer und die vielen ausländischen Bewohner berühmt-berüchtigt. Die Berliner nennen die »größte türkische Stadt außerhalb der Türkei« gern »Klein-Istanbul«. Unübersehbar vom Kottbusser Tor aus ist der Gebäuderiegel über der Adalbertstraße – eine Bausünde namens **Neues Kreuzberger Zentrum**.

Der Kiez um die Adalbert- und Oranienstraße ist nicht mehr so brisant wie einst. In einer alten Fabriketage zeigt das FHXB Friedrichshain-Kreuzberg Museum 23 eine Ausstellung zur Gewerbegeschichte mit Produkten made in Kreuzberg (Adalbertstr. 95a, Tel. 50 58 52 33, www.kreuzbergmuseum.de, Mi–So 12–18 Uhr, Eintritt frei). Erst-! klassig

Das **Ballhaus Naunynstraße** 24, ein Ballhaus des 19. Jhs. im Hinterhof, ist eine beliebte Adresse für junges (Tanz-)Theater (Naunynstr. 27, Tel. 75 45 37 25, www.ballhaus naunynstrasse.de).

Vom Kottbusser Tor lohnt sich ein Abstecher nach Süden ans **Maybachufer** 25 des Landwehrkanals, vor allem dienstags und freitags, wenn man die Atmosphäre eines eingedeutschten Basars auf dem so genannten Türkenmarkt schnuppern kann (www.tuerkenmarkt.de, Di/Fr 11–18.30 Uhr). Erst-! klassig

Hier befindet man sich bereits im Nachbarbezirk Neukölln. Lange unbeachtet, hat sich der Kiez zwischen dem Maybachufer und der Sonnenallee seit einigen Jahren in das neue, junge Szeneviertel mit kleinen Restaurants, Cafés, Bars und Geschäften entwickelt. Vor allem die Weserstraße lohnt ein Blick.

Restaurants

- Direkt neben der Schiffsanlegestelle lockt die **Ankerklause**, ein entspann-

Die Cafés auf der Sonnenseite des Heinrichsplatzes sind beliebt

ter Szene-Trinkschuppen (Kottbusser Damm 104/Ecke Maybachufer, Tel. 693 56 49; Di–So ab 10, Mo ab 16 Uhr bis in die Nacht).

- Am gegenüber liegenden Ufer des Landwehrkanals, dem Paul-Lincke-Ufer, reihen sich zahlreiche gemütliche Szenecafés und Restaurants aneinander: Gourmets sollten unbedingt im Horváth auf kulinarische Entdeckungsreise gehen – 2011 bekam es seinen ersten Michelin-Stern (●●●, Paul-Lincke-Ufer 44a, Tel. 61 28 99 92, Di–So 18–1 Uhr). **Erst-! klassig**
- Das **Café am Ufer** (Paul-Lincke-Ufer 42) ist beliebt fürs späte Frühstück.
- In einer Seitenstraße des Paul-Lincke-Ufers serviert Peer Kusmagk in seinem kleinen, eng gestellten Restaurant mit Kamin **La Raclette** (Lausitzer Str. 34, Tel. 61 28 71 21, tgl. ab 18 Uhr), französische Küche, eine seiner Spezialitäten: Raclette.

Oranienstraße 26

Diese Straße ist das Zentrum des gesamten Kiezes. Ein Spaziergang vom Oranienplatz bis zum Görlitzer Bahnhof Ⓤ1 führt vorbei an persischen, indischen, japanischen Restaurants, italienischen Cafés, Bioladen, schrägen Kneipen, türkischen Nippeskaufhäusern, afrikanischen Telefonshops, libanesischen Reisebüros und orginellen Klamottenläden. Wohl nirgends sonst ist Berlin so bunt. **Erst-klass**

Restaurant

- Am westlichen Ende der Straße kann man im liebevoll dekorierten Wirtshaus **Max und Moritz** (●) Alt-Berliner Küche genießen (Oranienstr. 162, Tel. 69 51 59 11, tgl. ab 17 Uhr).

Wellness

Wellness nur für Frauen gibt es am Heinrichplatz im **Hamam**, dem Türkischen Bad des Frauenzentrums **Schokofabrik** (Mariannenstr. 6, Hinterhof, Tel. 615 14 64, www.hamamberlin.de,

Tour durch Kreuzberg und Friedrichshain

Tour 15

Vom Kottbusser Tor nach Friedrichshain

- 22 Kottbusser Tor
- 23 FHXB Friedrichshain-Kreuzberg Museum
- 24 Ballhaus Naunynstraße
- 25 Maybachufer
- 26 Oranienstraße
- 27 Künstlerhaus Bethanien
- 28 Oberbaumbrücke
- 29 East Side Gallery
- 30 O_2 World
- 31 Simon-Dach-Straße
- 32 Volkspark Friedrichshain

Di–So 12–23, Mo 15 bis 23 Uhr, 3 Stunden kosten 14 €).

Künstlerhaus Bethanien 27

Friedrich Wilhelm IV. ließ 1847 auf dem Schmuckmarkt Berlins die Diakonieanstalt Bethanien errichten. In dem ehemaligen Krankenhaus sind bislang das Künsterhaus Bethanien mit seinen Ateliers und Künstlerwerkstätten sowie eine Musikschule und eine türkische Bibliothek untergebracht. Das Künstlerhaus, bekannt für seine interessante Ausstellungen, hat jedoch sein bisheriges Domizil verlassen. Im Sommer 2010 zog es in ein neues Atelier- und Ausstellungszentrum (Kottbusser Str. 10, Tel. 616 90 30, Di–So 14–19 Uhr, Eintritt frei).

Zwischenstopp: **Restaurants**

Das Restaurant **No Kangaroo** ist ein angesagter Österreicher mit einer gelungenen Mischung aus Wiener Kaffeehaus, Heurigem und Skihütte. Gute Stimmung.
- Muskauer Str. 13
- Tel. 65 79 96 30
- www.nokangaroo.com
- Mo–Fr 16–24, Sa 16–2, So 11–22 Uhr

Markthalle Neun
Auf kulinarische Entdeckungsreise kann man in der neu belebten, historischen Markthalle mit ihrem Wochenmarkt und wunderbaren Imbissständen gehen.
- Eisenbahnstr. 42–43
- Mo–Sa 8–20 Uhr
- www.markthalleneun.de

Oberbaumbrücke 28

Das imposanteste Brückenbauwerk Berlins (Ende des 19. Jhs.) im neoromanischen Stil mit zwei burgenähnlichen Türmen verbindet Kreuzberg und Friedrichshain über die Spree. Während der Teilung Deutschlands verlief quer über die Brücke die Grenze zwischen West- und Ostberlin. Mitte der 90er-Jahre wurde die Brücke aufwändig saniert, seitdem verläuft der Straßenverkehr und die U-Bahnlinie Ⓤ1 wieder von West nach Ost. Von der Mitte der Brücke hat man einen guten Blick auf die am Ostufer liegende East Side Gallery im Norden, nach Süden fällt der Blick auf die Treptowers und die in der Spree verankerte Skulptur **Molecule Man**.

*East Side Gallery 29

Auf einer Länge von 1,3 km entstand 1990 aus einem Stück der Berliner Mauer die East Side Gallery an der Mühlenstraße; 118 Künstler wirkten an dem Projekt mit (virtu-

SEITENBLICK

Mediaspree

Beiderseits der O_2 Wold und beiderseits der Spree möchte der Senat im ehemaligen Grenzraum zwischen Jannowitz- und Eisenbrücke mit »Mediaspree« ein ganz neues Stadt-Quartier mit Geschäftshäusern, Hotels und Komfort-Wohnungen entwickeln. Dagegen laufen Bürgerbewegungen Sturm, wie z.B. »Mediaspree versenken« (www.ms-versenken.org), die ein Wegbrechen der gewachsenen Strukturen wie der diversen Clubs, Cafés, Restaurantschiffe und alternativer Projekte an der Spree befürchten. In erster Linie fordern sie einen unbebauten Uferstreifen, der weiterhin der Allgemeinheit frei zugänglich sein soll. Einige bereits fertig gestellte Objekte zählen schon jetzt zu »Mediaspree«, so haben in der Stralauer Allee im ehemaligen Eierkühlhaus und Getreidespeicher Universal Music und einige Medienfirmen ihren Sitz. Direkt nebenan eröffnete das Musikhotel »nhow«, in dem es auch zwei Tonstudios gibt und man sich Gipson-Gitarren ausleihen kann.

In der nahe gelegenen Holzmarktstraße ist das Radialsystem V, › **S. 45** einer der angesagtesten Orte für avantgardistische Kunst, der sich zu einem Zentrum für Tanz, Musik, Theater und Medien entwickelt hat (Holzmarktstr. 33, Tel. 28 87 88 50, www.radialsystem.de).

elle Mauerspaziergänge: www.die-berliner-mauer.de). Die Gallery steht unter Denkmalschutz. Dennoch hatten in den letzten Jahren nicht nur die Gemälde, sondern vor allem die Betonsegmente gelitten. 2009 wurde die East Side Gallery saniert, viele der ehemaligen Künstler kamen nach Berlin und malten ihre Bilder erneut an die Mauer. Wegen Erschließungsmaßnahmen ist sie jedoch stellenweise gefährdet.

O_2 World 30

In unmittelbarer Nähe der Gallery wurde im September 2008 die O_2 World (Tel. 20 60 70 88 99, www.o2world-berlin.de) eröffnet, eine Halle für knapp 15 000 Zuschauer. Der Eishockeyclub Eisbären Berlin und die Basketballer von Alba Berlin haben hier ihre neue Heimstätte. Hier finden auch Konzerte statt.

Simon-Dach-Straße 31

Fußläufig bietet sich für die Feier nach dem Event in der O_2-World der Szene-Kiez Friedrichshain rund um den **Boxhagener Platz** an. Vor allem die Simon-Dach-Straße ist eine von jüngerem Publikum stark frequentierte Kneipenmeile. Allerdings müssen nach Anwohnerprotesten in den letzten Jahren im Sommer die Tische schon früh reingestellt werden.

Zwischenstopp: **Restaurant**

Das **Schneeweiß** (●●) serviert gelungene und zeitgemäße Alpenküche.

- Simplonstraße 16 | Friedrichshain
- Tel. 29 04 97 04
- Mo–Fr 18–1, Sa/So 10–1 Uhr

Die East Side Gallery

Zum Volkspark Friedrichshain 32

Auf dem Weg zur grünen Oase bietet sich ein Bummel über die **Karl-Marx-Allee** mit ihren Prachtbauten › **S. 87** an.

Der Volkspark Friedrichshain ist dann ein guter Platz, um sich eine Auszeit zu gönnen. Der Park war die erste kommunale Grünanlage der Stadt und bot bereits ab Mitte des 19. Jhs. den Bewohnern der umliegenden Mietskasernen Erholungsmöglichkeiten. Kinder lieben besonders den Märchenbrunnen mit seinen Skulpturen, die beliebte Motive aus den Grimmschen Märchen darstellen. Entspannung findet man auch auf der Terrasse des Cafés Schoenbrunn mit Schwanenteichblick: eine lauschige Parklocation mit ordentlicher Ganztagsküche und großem Biergarten (Volkspark Friedrichshain am Schwanenteich, Tel. 453 05 65-25, tgl. 10–1 Uhr).

Erst-! klassig

Ausflüge

Das Beste!

- Eine schöne Bootsfahrt auf dem Müggelsee ab Friedrichshagen bis zur Woltersdorfer Schleuse › S. 147
- Einen Gang über und Blick von der legendären Glienicker Brücke › S. 152
- Ein Bummel durch das holländische Viertel in Potsdams Innenstadt › S. 157

› Karte
S. 144

Köpenick und Umgebung

Berlin-Zentrum › Alt-Köpenick › Friedrichshagen › Müggelsee

Dauer: Mindestens 6 Stunden
Verkehrsmittel:

- Aufgrund der relativ großen Entfernungen zwischen den Sehenswürdigkeiten bewältigt man die Strecke am besten mit dem Auto oder mit S-Bahn und Fahrrad.
- Wer sich nur das Köpenicker Schloss und die Altstadt ansehen will, kann mit der Ⓢ3 vom Ostbahnhof bis zum Bahnhof Köpenick fahren (Richtung Erkner). Friedrichshagen liegt noch zwei Stationen weiter.
- Auch mit den Ausflugsschiffen der »Stern und Kreis« › S. 21 sind die Altstadt und der Müggelsee zu erreichen. Im Sommer mehrmals tgl. vom Hafen Treptow, reine Fahrtzeit hin und zurück ca. 3 1/2 Std. Fahrtunterbrechung möglich. Im Winter kein Betrieb.

Köpenick ist der größte Berliner Bezirk im Südosten der Hauptstadt, weist aber die geringste Siedlungsdichte auf; seit 2001 ist er mit dem Nachbarbezirk Treptow zusammengelegt. An manchen Stellen wirkt der Bezirk Köpenick richtig lauschig, es ist aber an anderen Orten auch noch erkennbar, dass Köpenick einst ein bedeutender Industriestandort war. Beliebt ist im Sommer bei Sonnenanbetern und Wassersportlern der Müggelsee. Der Ausflug vom Schloss in der Köpenicker Altstadt hinaus zu Wald und Seen zeigt die Hauptstadt von einer überraschend idyllischen Seite.

Das Chinesische Teehaus
im Park Sanssouci

Zwischen Juni und September lockt das KÖPENICKER BLUES UND JAZZFESTIVAL Musikfreunde in die Altstadt.

Alt-Köpenick

Die Köpenicker Altstadt liegt auf einer Insel am Zusammenfluss von Dahme und Spree. Der geschlossene spätmittelalterliche Stadtkern geht auf die älteste Niederlassung im Berlin-Brandenburger Raum zurück: Schon in der jüngeren Steinzeit entstanden hier die ersten Hütten, im 10. Jh. bauten die Slawen eine Wasserburg. Ihr Anführer war Jacza de Copnik, auf den der Name Köpenick zurückgeführt wird.

Die restaurierte Altstadt mit ihren kleinen, verwinkelten Straßen und Gassen ist denkmalgeschützt. Hauptsehenswürdigkeit im historischen Zentrum ist das **Köpenicker Rathaus,** ein im Stil der Märkischen Backsteingotik errichteter Bau mit trutzigem Turm. Über die Stadt(teil)geschichte Köpenicks von seinen Anfängen bis zur Gegenwart kann man sich im **Heimatmuseum** informieren, das in einem Fachwerkhaus aus dem Jahr 1665 untergebracht ist (Alter Markt 1, Tel. 902 97 33 51, Di und Mi 10–16, Do 10–18, So 14 bis 18 Uhr).

› Karte S. 144

**Köpenicker Stadtschloss 1

Eine breite Holzbrücke führt zum Schloss, das ab 1677 im Auftrag des späteren Preußenkönigs Friedrich I. von Rutger van Langevelt im holländischen Barockstil auf der Dahmeinsel errichtet wurde. Als Prunkstück gilt der **Wappensaal**. Die Wände und Deckenfelder sind mit Stuck überzogen, dazwischen prangen die Wappen der Brandenburg-Kurmärkischen Länder. Hier verurteilte 1730 das Kriegsgericht Kronprinz Friedrich als desertierten Oberstleutnant dazu, der Hinrichtung seines Freundes Katte beizuwohnen.

Der Bau wurde saniert und ist seitdem der zweite Standort des **Kunstgewerbemuseums**. Unter dem Motto »Raumkunst« präsentiert es über 500 Exponate aus Renaissance, Barock und Rokoko, darunter die Möbelsammlung und das eindrucksvolle Silberbuffet, das König Friedrich I. für sein Berliner Stadtschloss hatte anfertigen lassen (Tel. 266 42 42 42, Di–So 10–18 Uhr).

*Kietzer Vorstadt 2

Nahe des Schlosses liegt die ehemalige Fischersiedlung Kietzer Vorstadt. In der kleinen Straße Kietz, die dem Viertel seinen Namen gab, prägen Häuschen mit herabgezogenen Dächern das Bild. Einige stammen im Kern aus dem 18. Jh

Solarbootpavillon

Im Sommer kann man (ohne Bootsführerschein) mit Solarbooten auf Dahme, Spree und dem Müggelsee schippern – ein erfrischendes Vergnügen (Müggelheimer Straße 1d, Tel. 01 60/630 99 97, www.solarwaterworld.de, ab 10 €/Std.).

Erst-! klassi

Restaurants

Freiheit 15 ●●

Gegenüber der Baumgarteninsel findet man Stadtteilkultur par excellence: Eine Schulturnhalle von 1907 wurde in einen Kulturbühne mit angeschlossener Gastronomie umgewandelt. Der »Ufergarten« ist von April–Sept. geöffnet, die »Duke Bar« Mo–Sa ab 20 Uhr.

- Freiheit 15
- Tel. 65 88 78 25
- www.freiheit15.com

Köpenick und Umgebung

1 Köpenicker Stadtschloss
2 Kietzer Vorstadt
3 Wasserwerk Friedrichshagen

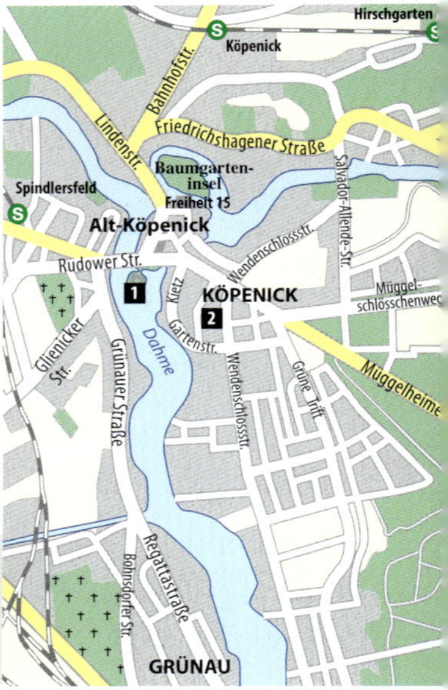

SpreeArche ●

Ein kleines Hausboot-Restaurant auf der Müggelspree. Wanderer wie Bootsfahrer können sich hier mit Schmankerln stärken. Wer per pedes kommt, wird mit einer Seilfähre abgeholt.

- Tel. 01 72/304 21 11
- www.spreearche.de
- April–Sept. Mo–Fr ab 13, Sa, So, Fei ab 12 Uhr, an sonnigen Tagen in der Woche ab 12 Uhr, Okt.–März Mo–Fr ab 12, Sa/So ab 11 Uhr

Chocolaterie Catherine

In ihrem hübschen Café mit nur zwölf Plätzen offeriert Chocolatière Kathrin Weimar hausgemachte Tafelschokoladen etwa mit Cranberries oder Chili bestückt sowie Pralinen, alles ohne Konservierungsstoffe.

- Grünstr. 17
- Tel. 68 32 76 28
- www.chocolaterie-catherine.de
- Mo–Fr 10–18, Sa 10–15.30 Uhr

Friedrichshagen

Der Ortsteil Friedrichshagen gewann Ende des 19. Jhs. als Kurort mit Solebad und Trinkanstalt für Sommerfrischler an Bedeutung. Am Ort wirkte der Friedrichshagener Kreis, ein naturalistischer Schriftstellerzirkel, dem u.a. Wilhelm Bölsche und Bruno Wille angehörten. Als Gäste stießen Gerhart Hauptmann, Erich Mühsam, August Strindberg und Frank Wedekind dazu.

Beim traditionellen **Kneipenmusikfest** im März können Musikfreunde von Lokal zu Lokal ziehen, verschiedene Bands servieren Musik von Jazz über Beat und Blues bis zu Pop.

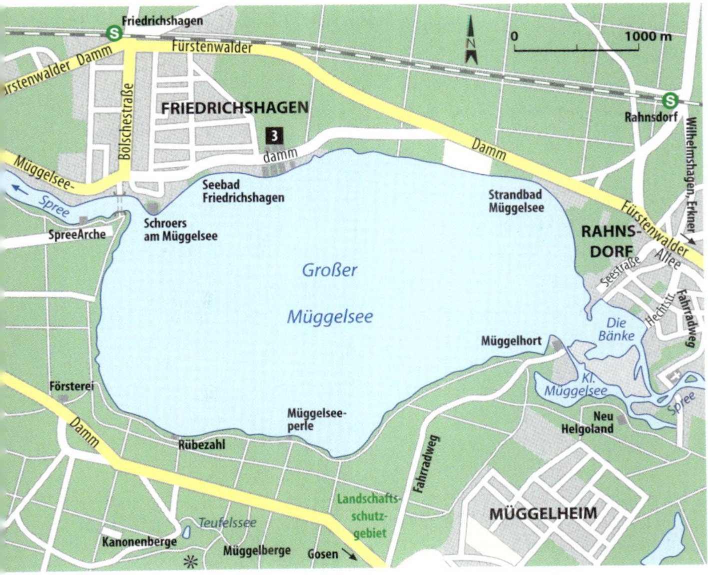

› Karte S. 144

Das Köpenicker Rathaus, im Stil der Backsteingotik erbaut

Am Müggelseedamm 307 hat ein bedeutendes Industriedenkmal, das ***Wasserwerk Friedrichshagen** 3, seine Pforten für Besucher geöffnet. Als die Trinkwasserversorgung der Reichshauptstadt um 1890 nicht mehr gewährleistet war, erbaute der englische Ingenieur Henry Gill die Anlage am Nordufer des Müggelsees. Seitdem werden auf dem 55 ha großen Areal täglich aus über 300 Tiefbrunnen 400 000 m³ Wasser gefördert. Die technischen Backsteinbauten, die Arbeiterwohnungen im englischen Landhausstil – sie schaffen eine ganz eigene Atmosphäre. Das Museum im Wasserwerk informiert über die Geschichte der Wasserver- und Abwasserentsorgung (Müggelseedamm 307, Tel.

SEITENBLICK

Der Hauptmann von Köpenick

Köpenick war 1906 in aller Munde, als der arbeitslose Schuster Wilhelm Voigt gewaltfrei das Rathaus erstürmte, den Bürgermeister Langerhans verhaftete und die Stadtkasse beschlagnahmte. Vorher hatte sich Voigt in der Militärstadt Potsdam die Uniform eines preußischen Hauptmanns geborgt. Vier Tage später requirierte er in voller Montur eine Wachmannschaft von der Straße weg und schüchterte die Rathausbeamten in schneidigem Kommandoton ein. Mit dieser genialen Tat führte Voigt den preußischen Kadavergehorsam ad absurdum, was im Ausland manch spöttischen Kommentar auslöste.

Kaiser Wilhelm II. zeigte sich amüsiert und begnadigte den »Hauptmann« nach zwei Jahren Knast. Voigt war ein berühmter Mann geworden und verbrachte den Rest seines Lebens damit, die Welt zu bereisen und in Varietés und Kneipen seine Köpenickiade vorzuführen.

Carl Zuckmayer widmete ihm 1931 ein Theaterstück, Heinz Rühmann verewigte die Figur im Film, und der Stadtteil macht ihn zu barer Münze: Die Verhaftungsszene wird im Juni und Juli zum Auftakt des »Köpenicker Sommers« nachgespielt, im »Hauptmannszimmer« im Rathaus berichtet eine kleine Dauerausstellung von Voigts Streich (Alt Köpenick 21, Mo–Fr 8–18, Sa/So 10–18 Uhr), und der örtliche Touristenverein veranstaltet vor dem Rathaus jede Woche ein »Hauptmannsspektakel« (Mi und Sa 11 Uhr).

86 44 76 95, www.museum-im-wasserwerk.de, So bis Do 10–16 Uhr).

Am *Großen Müggelsee

Man kann die Tour per Rad mit der Fähre über die Spree in Rahnsdorf oder per Auto die Fürstenwalder Allee stadtauswärts über Wilhelmshagen und Erkner nach Müggelheim zum Großen Müggelsee fortsetzen.

Dieses von der Spree durchflossene Gewässer ist – bei nur 8 m Tiefe – mit 7,5 km² der größte Berliner See. Selbst im Sommer herrscht hier kein Gedränge. Es locken mehrere Freibadestellen neben dem **Strandbad Müggelsee** und dem **Seebad Friedrichshagen**.

Es empfiehlt sich ein schöner, 6 km langer Spaziergang am Südufer zwischen dem Spreetunnel (nur Fußgänger) am Westufer und der Anlegestelle Müggelhort am Südufer.

Direkt an der Anlegestelle der Fähre zwischen Müggelheim und Rahnsdorf, auch die Ausflugsdampfer halten hier, liegt die traditionsreiche **Ausflugsgaststätte Neu Helgoland** (●, Neuhelgoländer Weg 1, tgl. ab 11 Uhr – regelmäßig Musikveranstaltungen; Hotel). Man sitzt lauschig am Wasser oder im Garten unter hohen Bäumen.

Ab Friedrichshagen kann man auch eine schöne Bootsfahrt zur **Gaststätte Rübezahl** und weiter zur **Woltersdorfer Schleuse** machen. Die Fahrt kann an allen Stationen unterbrochen werden. Vom Lokal führen Wanderwege in den ***Köpenicker Forst** und zum **Müggelturm**.

Grünes Berlin

Erst-! klassig

- **Erholungspark Marzahn,** grüne Oase im Plattenbaubezirk. Zu den Highlights zählen der größte chinesische Garten Europas, der Japanische, der Orientalische und der Balinesische Garten (tgl. ab 9 Uhr, Marzahn, Eisenacher Str. 99, Ⓢ7 Marzahn, Bus 195).
- **Botanischer Garten,** Steglitz, über 22 000 Pflanzenarten erwarten die Besucher, etwa im Großen Tropenhaus (Unter den Eichen, Ⓢ1 Botanischer Garten).
- **Britzer Garten,** Britz, Eingänge Buckower Damm, Tauernallee, Mohriner Allee. Auch auf dem ehemaligen Bundesgartenschaugelände gibt es viel Platz zum Spazierengehen, Kinderspielplatz sowie Gastronomie (Ⓤ6 Alt Mariendorf, Bus 179).
- **Lübars,** Berlins einziges Dorf inmitten von Feldern am nördlichen Stadtrand. Malerisch ist der Dorfkern mit einer Kirche aus dem 18. Jh. Der Freizeitpark Lübars bietet viel Abwechslung, u.a. eine Rodelbahn (Ⓢ+Ⓤ Wittenau, Bus X21).
- **Galopprennbahn Hoppegarten,** Dahlwitz-Hoppegarten. Nach wie vor ist Hoppegarten vor den Toren der Hauptstadt die wohl schönste Galopprennbahn Deutschlands. Renntage zwischen April und Oktober (Ⓢ5 Hoppegarten, Mark).
- **Woltersdorfer Schleuse.** Vom S-Bahnhof Rahnsdorf Ⓢ3 fährt die Tram 87 auf landschaftlich reizvoller Strecke zur Schleuse. Dort kann man wandern, baden, Boot fahren und sich in Lokalen stärken.

› Karte S. 150

Havel und **Wannsee

Berlin-Zentrum › Bahnhof Wannsee › *Pfaueninsel › **Glienicker Brücke und Schloss

Dauer: Mindestens 6 Stunden

Verkehrsmittel:

- Den Wannsee erreicht man am besten mit der Ⓢ1 oder Ⓢ7 bis Bahnhof Wannsee. Zur Anlegestelle der Pfaueninsel-Fähre nimmt man dort den Bus 316 oder 218.
- Für einen Ausflug rund um die Glienicker Brücke und die Pfaueninsel bietet sich ein Fahrrad an.

Berlins Südwesten ist nicht nur die beliebteste und exklusivste Wohngegend der Hauptstadt, sondern hat besonders Ausflüglern einiges zu bieten. Schließlich gehört die Landschaft um Havel und Wannsee zum UNESCO-Welterbe.

Für einen entspannten Tag im Grünen sind der Wannsee und die Pfaueninsel das Richtige. Eine herrliche Parklandschaft zum Spazierengehen breitet sich rund um Schloss Glienicke aus. Hinter der Glienicker Brücke beginnt bereits Potsdam.

Der Große **Wannsee

Am Großen Wannsee erstreckt sich das klassische Naherholungsgebiet im Westen der Stadt, das Ostufer leider ohne Uferpromenade.

Dafür liegt hier das unter Denkmalschutz stehende Strandbad Wannsee mit seinem fast 1,5 km langen, breiten Badestrand, und vom Havelstrand kann man die Boote auf dem Wasser betrachten. Am südwestlichen Ufer führt hingegen ein schöner Spazierweg immer am Wasser entlang bis zur Glienicker Brücke.

Erst-! klassig

Im **Haus der Wannsee-Konferenz** **1** fand im Januar 1942 die so genannte Wannsee-Konferenz zur »Endlösung der Judenfrage« statt, in deren Folge der organisierte Völkermord an den Juden eingeleitet wurde. Seit 1992 ist die Villa eine Gedenk- und Bildungsstätte (Am Großen Wannsee 56-58, Tel. 80 50 01-0, www.ghwk.de, tgl. 10 bis 18 Uhr, Bus 114 vom Bahnhof Wannsee).

Nur wenig südlich präsentiert sich die **Liebermann-Villa** **2**, das restaurierte Sommerhaus samt Garten von Max Liebermann. Im Inneren sind Gemälde und persönliche Gegenstände des berühmten Berliner Impressionisten zu sehen (Colomierstr. 3, Tel. 805 85 90-0, Mi bis Mo 11–17 Uhr; April–Sept. Mi–Mo 10–18, Do, So 10–19 Uhr; Führungen: Sommer Sa/So, 14 Uhr, www.liebermann-villa.de, Bus 114 vom Bahnhof Wannsee).

Erst-! klassig

Kleiner Wannsee

Der Kleine Wannsee ist ein Refugium für Wassersportler. Seine Ufer werden von zahlreichen Bootshäusern gesäumt, zudem sind sie ein beliebtes Spazierrevier. Am Südufer findet man auf dem Grundstück Bismarckstraße 3 das schlichte **Grab Heinrich von Kleists** **3**. Hier begingen der Dichter und seine Lebensgefährtin Henriette Vogel im November 1811 Selbstmord.

Das Schloss auf der Pfaueninsel

*Pfaueninsel 4

Die 67 Hektar große Fläche ist ein idyllischer Landschaftspark im südlichen Lauf der Havel; sie steht unter Naturschutz. Erreichbar ist das Eiland mit der Fähre, die ganzjährig in kurzen Abständen verkehrt (Fähre: Nov.–Feb. 10–16, März und Okt. 9 bis 18 Uhr, April und Sept. 9–19, Mai–Aug. 8–21 Uhr; Autos und Fahrräder müssen auf dem Parkplatz am Nikolskoer Weg bleiben).

HUNDE dürfen nicht auf die Insel.

Erstmals gestaltet wurde die Pfaueninsel ab 1793 von Friedrich Wilhelm II., dem Neffen und Thronfolger Friedrichs des Großen. Er kaufte das Areal, ließ es zu einem Park mit Meierei, Kastellanswohnungen, Pfauenstall und Federviehhaus umgestalten und überließ es seiner Geliebten Wilhelmine Encke, einen Entwurf für das weiße **Schlösschen** anzufertigen (April–Okt. Di–So 10 bis 17.30 Uhr, Besuch nur mit Führung). Die Dame bewies guten Geschmack: Vor allem vom Wasser aus ist das als Ruine konzipierte Bauwerk ein Blickfang. Das Innere bringt die Natursehnsucht der damaligen Zeit zum Ausdruck: Der Besucher wird z.B. durch ein wie eine Bambushütte ausgestattetes Zimmerchen, das **Otaheitische Kabinett,** geführt. Fast alle Möbel stehen noch an der Stelle, für die sie vorgesehen waren. Nach dem Tod seines Vaters erkor Friedrich Wilhelm III. mit seiner Frau Königin Luise das Idyll zu seinem Lieblingsaufenthalt.

Das Paar hatte Spaß an einem **Palmenhaus,** für das es eine Pflanzensammlung aus Paris herbeischaffen ließ. Dazu wurden die ausgefallensten Tiere aus aller Welt erworben. 1822 gestaltete Peter Joseph Lenné die Insel in einen Landschaftsgarten um. Die bunte Menagerie kam dem nachfolgenden Regenten Friedrich Wilhelm IV. wohl merkwürdig vor, weshalb er 1842 fast alle Tiere in den neu gegründeten Berliner Zoo überführen ließ.

Der **Kunckelstein** am Ostufer der Pfaueninsel erinnert an den ersten Bewohner, Johann Kunckel von Löwenstein. Der Große Kurfürst richtete ihm ein Laboratorium ein, in dem er Goldrubinglas herstellen

Havel und Wannsee

1 Haus der Wannsee-Konferenz
2 Liebermann-Villa
3 Kleist-Grab
4 Pfaueninsel
5 St. Peter und Paul

sollte. Der Alchimist hatte jedoch kein Glück. Sein Labor flog in die Luft, und er musste das Kurfürstentum Brandenburg fluchtartig verlassen.

An fünf Hör-Stationen auf der Insel kann man noch mehr über die Geschichte erfahen. Kostenloser Download: www.luise.tomis.mobi.

Zwischenstopp: **Restaurant**

Wirtshaus zur Pfaueninsel ●●
Bürgerliche Kost und Berliner Küche, großer Biergarten.
- Am Fährableger Pfaueninsel
- Mi–So ab 10 Uhr

*St. Peter und Paul 5

Das Geläut der Kirche St. Peter und Paul am Nikolskoer Weg schallt von der Anhöhe zur Pfaueninsel hinüber. Die 28 Bronzeglocken in den Turmloggien des Gotteshauses spielen die berühmten Melodien der Potsdamer Garnisonskirche, »Üb' immer Treu und Redlichkeit« sowie den Choral »Lobet den Herren«. Hinter St. Peter und Paul liegt der kleinste Friedhof Berlins, auf dem nur Personen beerdigt werden, die 15 Jahre und mehr auf Nikolskoe oder der Pfaueninsel gelebt haben.

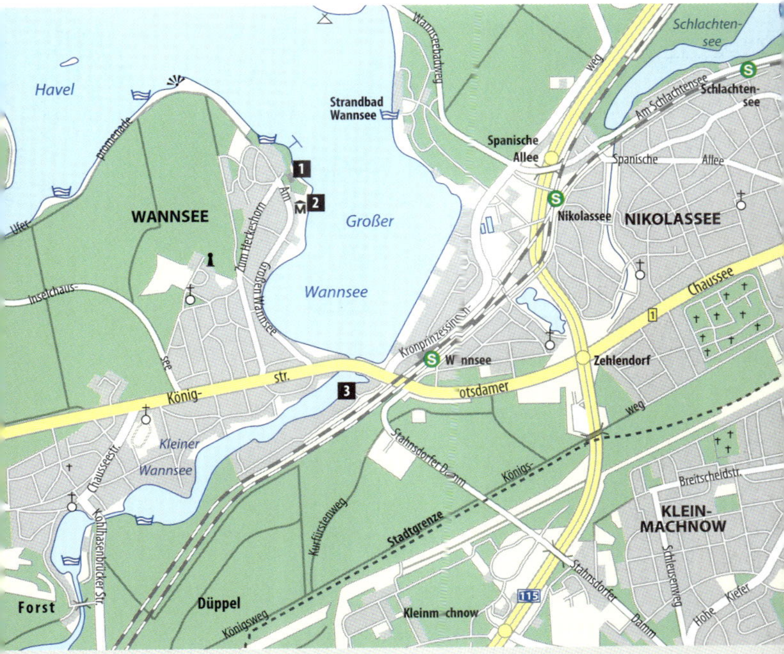

6 Glienicker Brücke
7 Schloss Glienicke

› Karte S. 150

**Glienicker Brücke 6

Wer die Königstraße weiter Richtung Potsdam fährt oder am Ufer entlang läuft, gelangt zur Glienicker Brücke, die im Laufe ihrer Geschichte ein wechselvolles Schicksal erfuhr: Nach der Sprengung durch deutsche Soldaten in den letzten Kriegstagen 1945 wurde sie 1950 wieder aufgebaut und in »Brücke der Einheit« umgetauft. Mit dem Mauerbau im August 1961 endete dann hier der »Westen«. Als Schauplatz spektakulären Austauschs von Agenten wurde die Brücke weltberühmt.

Von der Brücke hat man einen wundervollen Rundumblick in die großartige Potsdamer Kulturlandschaft. Sichtachsen verbinden alles: Im Süden thront Schloss Babelsberg auf einer Anhöhe, von Norden grüßt die Sacrower Heilandskirche, im Osten das Schlösschen Glienicke.

**Klein Glienicke

Ursprünglich stand an der Stelle von **Schloss Glienicke 7** ein Landhaus, das Staatskanzler Hardenberg bewohnte. Prinz Carl, der dritte Sohn Königin Luises, beauftragte 1824 Karl Friedrich Schinkel mit dem Umbau im klassizistischen Stil (Tel. 80 58 67 50; Nov.–März, Sa, So, Fei 10–17 Uhr, Kassenschließzeit 16.30 Uhr, Besichtigung nur mit Führung, April–Okt. Di–So 10 und 18 Uhr, Di–Fr nur mit Führung, im Schloss finden auch regelmäßig Konzerte statt).

Wer den Schlosshof mit dem pompejanischen Bodenpflaster und den vielen antiken Spolien an den Wänden an einem Sommertag betritt, fühlt sich in Italien. Über das Johannitertor führen schwungvoll angelegte Wege immer tiefer in den Garten hinein.

Peter Joseph Lenné konzipierte den weitläufigen **Landschaftspark**

Die Glienicker Brücke wurde als Schauplatz spektakulären Austauschs von Agenten weltberühmt

nach englischem Vorbild. Gleich an der Grenze zur Königstraße liegen die »Kleine« und die »Große Neugierde«, ein kleiner Teepavillon nach Schinkels Entwurf und eine überdachte Rotunde auf einer Anhöhe.

Nördlich davon, am Havelufer des Jungfernsees, steht das Casino, das Schinkel 1824 in ein Billardhaus umbaute. Die weißen Säulentrümmer im Rasengrund ließ Prinz Carl aus dem Mittelmeerraum, vermutlich vom Poseidontempel auf Kap Sunion, herbeischaffen.

Etwas tiefer im Park errichtete der Architekt Ferdinand von Arnim 1850 den Klosterhof, für den Carl Teile eines Klosters auf der Insel Certosa bei Venedig erwarb.

Zwischenstopp: **Restaurant**

Ein im Park schön gelegenes Restaurant mit regionaler Küche ist das Restaurant **Remise** im **Schloss Glienicke** (●●).

- Königstr. 36
- Tel. 805 40 00
- www.schloss-glienicke.de
- tgl. ab 11 Uhr

SEITENBLICK

Museen in Dahlem

Ebenfalls im Südwesten Berlins, auf halbem Weg zwischen Stadtzentrum und Wannsee liegen in Dahlem in der Nähe vom Botanischen Garten bedeutende Museen und Sammlungen. Zu erreichen sind sie entweder mit der Ⓢ1 Richtung Wannsee bis zum S-Bahnhof Rathaus Steglitz (von dort fährt der Expressbus X83 ungefähr 10 Min. bis zur Haltestelle Staatliche Museen). Alternativ nimmt man die Ⓤ3 Richtung Krumme Lanke bis Station Dahlem-Dorf (von dort 5 Min. Fußweg).

Das fantastische **Ethnologische Museum zeigt sehr schön gestaltete Ausstellungen über die Kulturen Altamerikas, Asiens, Afrikas und der Südsee-Inseln. Ebenfalls im Museumskomplex lockt das ****Museum für Asiatische Kunst.** Es vereint die Sammlungen des Museums für Ostasiatische Kunst und des Museums für Indische Kunst. Gezeigt wird eine der weltweit bedeutendsten Sammlungen des indo-asiatischen Kulturraumes vom 4. Jahrtausend vor Christus bis in die Gegenwart. Zudem werden die Kunst Chinas, Japans und Koreas in jeweils eigenen Galerien thematisiert. Erst-! klassig

Museumskomplex: Lansstr. 8, Di–Fr 10–18, Sa und So 11–18 Uhr, Parkplätze in beschränkter Zahl vorhanden. In diesen Museen kann man übrigens problemlos einen ganzen Tag verbringen.

Das Museum Europäischer Kulturen zeigt eine der größten Sammlungen Europas zur Alltagskultur (Arnimallee 25). Erst-! klassig

Ein weiteres, zwar kleines, aber dafür hochkarätiges Museum ist das *Brücke-Museum. Es zeigt Werke der expressionistischen Künstlergruppe (Bussardsteig 9, Mi–Mo 11–17 Uhr, zu erreichen mit der U3 bis Oskar-Helene-Heim, dann 5 Stationen mit dem Bus 115 bis Pücklerstraße).

› Karte S. 156

Potsdam

Berlin-Zentrum › Potsdam Hauptbahnhof › ***Schloss Sanssouci › Innenstadt

Dauer: 1 Tag
Verkehrmittel:

- Potsdam ist mit der Ⓢ7 und der Regionalbahn (bis Haltestelle Potsdam Hbf.) aus dem Berliner Stadtzentrum in ca. 30–40 Min. zu erreichen.
- Eine schöne Alternative sind die Schiffe der Weißen Flotte oder der Stern und Kreisschiffahrt ab Anlegestelle Wannsse (Ⓢ1, Ⓢ7, Fahrtdauer ca. 1 Std.), in Potsdam halten die Schiffe an der Langen Brücke am Hauptbahnhof. Allerdings gibt es keinen regelmäßigen Pendelverkehr, sondern die Strecke ist Bestandteil verschiedener Ausflugsfahrten, sie kann aber dennoch separat gebucht werden (www.sternundkreis.de, www.schiffahrt-in-potsdam.de).
- Auch für Potsdam ist, aufgrund der Weitläufigkeit, die Mitnahme eines Fahrrades zu empfehlen.

12 ***Schloss Sanssouci 1

In dem weitläufigen Park (Eintrittsgebühr freiwillig) am Stadtrand Potsdams stehen gleich mehrere Schlösser, von denen das bekannteste Schloss Sanssouci ist, erbaut 1745 von Georg Wenzeslaus von Knobelsdorff im Auftrag Friedrichs des Großen und seit 1990 UNESCO-Weltkulturerbe (www.spsg.de, Tel. 03 31/969 42 00, April–Okt. Di–So 10 bis 18, Nov.–März Di–So 10 bis 17 Uhr).

Der Baumeister entwarf einen Rokoko-Bau ohne Sockelgeschoss, das durch eine ausladende Terrasse (am Ostrand ruhen in einer Gruft seit 1991 die sterblichen Überreste Friedrichs des Großen) von den terrassenförmig angelegten Weinbergen vor dem Schloss getrennt ist. Im Mittelbau liegen das Vestibül und der Marmorsaal, im Ostflügel die königlichen Räume, deren Einrichtung überwiegend erhalten ist, und im Westflügel mehrere Gästezimmer. Friedrich Wilhelm IV., der Sanssouci als Sommerresidenz nutzte, ließ die hinteren Seitenflügel anbauen.

Kaum war das Schloss fertig, ließ Friedrich sich von Knobelsdorff eine Orangerie errichten, die später zum **Neue Kammern** 2 genannten

SEITENBLICK

Multilinguale Stadtführungen

Neuerdings kann man Potsdam mit **itour**, einem **elektronischen Stadtführer**, entdecken. Zur 1¾-stündigen audio-visuellen Stadtführung, die auf deutsch, englisch, italienisch und spanisch angeboten wird, gehören 30 Sehenswürdigkeiten (erhältlich in der Tourist-Information Potsdam, Brandenburger Str. 3, April–Okt. Mo–Fr 9.30–18, Sa/So 9.30–16, Nov.–März Mo–Fr 10–18, Sa/So 9.30–14 Uhr, sowie im Haus der Brandenburgisch-Preußischen Geschichte am Neuen Markt; Ausleihgebühr 7,50 € für 4 Std., Tagesausleihe für 10 €).

Schloss Sanssouci, der prächtige Rokoko-Bau Friedrichs des Großen

Gästeschloss mit prächtigen Festsälen umgebaut wurde. Außerdem entstanden die **Bildergalerie** 3, der erste eigenständige Museumsneubau Deutschlands, und das **Chinesische Teehaus** 4, ein verspielter Rokokobau. In der Bildergalerie hängen zahlreiche Alte Meister von Weltruhm, darunter Bilder von Rubens, van Dyck und Caravaggio. Das **Neue Palais** 5, eine dreiflügelige Anlage mit über 200 Räumen am westlichen Ende des Schlossparks, war 1763 bis 1769 der letzte Schlossbau Friedrichs des Großen. Doch auch Friedrich Wilhelm IV. tat sich als eifriger Bauherr hervor. Er beschäftigte mit Vorliebe die Architekten Ludwig Persius, der das Stadtbild Potsdams prägte, und August Stüler. Ergebnis dieser Zusammenarbeit sind das **Orangerieschloss** 6 und die **Friedenskirche** 7. **Schloss Charlottenhof** 8 im südlichen Teil des Parks ist hingegen ein klassizistischer Schinkel-Bau, den englischen Landschaftsgarten legte Peter Joseph Lenné an. Im Anschluss an Schloss Charlottenhof entstanden die **Römischen Bäder** 9, ein romantischer Gebäudekomplex im Stil einer italienischen Landvilla von Schinkel und Persius.

Erst-! klassig

Ein Publikumsmagnet ist die alljährliche Potsdamer Schlössernacht im August. Der Park Sanssouci mit seinem preußischen Barock wird in dieser Nacht glanzvoll illuminiert.

Erst-! klassig

Stadtzentrum

Das historische Zentrum lässt sich bequem per pedes erkunden. Sehenswert am **Alten Markt** ist die von Schinkel 1826 entworfene und seinem Schüler Persius bis 1850 erbaute klassizistische **Nikolaikirche** **10**, in der auch regelmäßig Konzerte stattfinden (www.nikolaipotsdam.de).

Einst stand hier auch das Potsdamer Stadtschloss. An dessen Stelle soll bis 2013 der in seiner Form an das 1959/60 gesprengte Schloss erinnernde, neue Landtag gebaut werden. Das **Alte Rathaus** **11**, erbaut 1753 von Johann Boumann und heute ein Kulturzentrum, ist durch einen barocken Gang mit dem ehemaligen Wohnhaus des Architekten, dem **Knobelsdorffhaus**, verbunden. Knobelsdorff hat auch den **Obelisken** in der Platzmitte erschaffen.

Auf der anderen Seite der Ebertstraße steht der ehemalige Marstall, in dem heute das **Filmmuseum Pots-**

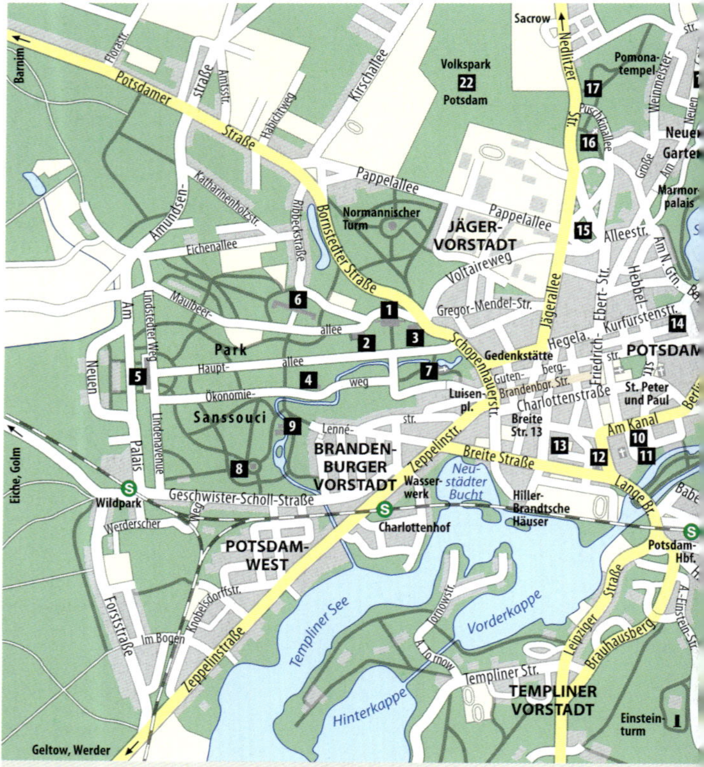

Potsdam

1 Schloss Sanssouci
2 Neue Kammern
3 Bildergalerie
4 Chinesisches Haus
5 Neues Palais
6 Orangerie
7 Friedenskirche
8 Schloss Charlottenhof
9 Römische Bäder
10 Nikolaikirche
11 Altes Rathaus
12 Filmmuseum
13 Neuer Markt

dam 12 untergebracht ist, das mit seiner Dauer- und wechselnden Ausstellungen zum Thema Zelluloid und Kino einen Besuch wert ist (Breite Str. 14a, wegen Sanierung bis Frühjahr 2014 geschlossen).

Von dort sind es nur ein paar Schritte zum **Neuen Markt** 13 – er zählt zu den am besten erhaltenen Barockplätzen in Europa.

Das *Holländische Viertel 14 wurde ab 1734 für holländische Handwerker und Baumeister erbaut, die König Friedrich Wilhelm I. holte. Hier locken zahlreiche schmucke Läden, schöne Galerien und charmante Cafés in über 100 Backsteinhäusern. Zum »Tulpenfest« im Frühjahr wandeln hier zehntausende Besucher durch

Erst-! klassig

14 Holländisches Viertel
15 Alexandrowka
16 Alexander-Newski-Kapelle
17 Belvedere
18 Schloss Cecilienhof
19 Kulturzentrum Schiffbauergasse
20 Schloss Babelsberg
21 Filmpark Babelsberg
22 Buga-Gelände

Das Holländische Viertel – ein guter Ort, um sich zu stärken

ein von Tulpen dominiertes Blumenmeer.

Zwischenstopp: Restaurant

Das Restaurant **Speckers Landhaus** ist die Wirkungsstätte von Steffen Johst, dem »Brandenburger Meisterkoch 2008«.

- Jägerallee 13
- Tel. 03 31/ 280 43 11
- Di–Sa 12–13.45, 18–21.45 Uhr

Pfingstberg und Berliner Vorstadt

Über die Friedrich-Ebert-Straße erreicht man ein weiteres städtebauliches Kleinod, die russische Kolonie ***Alexandrowka** 15 zu Füßen des **Pfingstberges**. Dreizehn im russischen Stil als Blockhäuser verkleidete Fachwerkbauten zählt die Siedlung. Sie wurden 1826 von Friedrich Wilhelm III. zum Gedenken an Zar Alexander I. gebaut. Von hier ist es nur ein kurzer Spaziergang zur russisch-orthodoxen **Alexander-Newski-Kapelle** 16 am Fuße des Pfingstberges. Sie wurde für die Bewohner der Kolonie (die Mitglieder eines russischen Soldatenchores) erbaut und dient bis heute als Kirche.

Auf dem Pfingstberg steht das stilvoll rekonstruierte Belvedere 17. Von der Aussichtsterrasse des imposanten klassizistischen Gebäudes hat man bei schönem Wetter einen Blick bis weit ins Havelland hinein.

Unterhalb des Pfingstberges lohnt der Neue Garten einen Besuch. Hier steht das ***Schloss Cecilienhof** 18, ein eher unscheinbares Landschloss im englischen Stil. Es wurde in den Jahren 1914 bis 1917 für den Kronprinzen Wilhelm und seine Gattin Cecilie erbaut. Hier wurde 1945 von den Alliierten das »Potsdamer Abkommen«, das die Neuordnung Europas nach dem Zweiten Weltkrieg regelte, unterzeichnet. Im Schloss befinden sich heute das Hotel und Restaurant Cecilienhof sowie ein kleines Museum.

Südlich des neuen Gartens liegt die Berliner Vorstadt. Das Areal an der **Schiffbauergasse** **19** zwischen dem Tiefensee und Heiliger See hat sich vom einstigen Industriestandort in ein kulturelles Erlebnisquartier verwandelt. Architektonisches Highlight ist der Neubau des Hans-Otto-Theaters mit seinem roten geschwungenen Dach. In der Reithalle ist die Kinder- und Jugendbühne des Theaters untergebracht. Das Waschhaus ist ein Konzert- und Clubstandort, im T-Werk sind freie Theatergruppen ansässig (www.schiffbauergasse.de).

Babelsberg

Auch das zauberhafte **Schloss Babelsberg** **20** im idyllischen Schlosspark lohnt einen Besuch. Der **Filmpark Babelsberg** **21** ist vor allem für Kinder sehr attraktiv. Europas älteste Filmstadt bietet einen Blick hinter die Kulissen und mehr als 20 Attraktionen rund um Film und Fernsehen (Großbeerenstr. 200, Tel. 03 31/721 27 50, www.filmpark-babelsberg.de, April–Anf. Nov. tgl. 10–18 Uhr; April und Sept. Mo geschlossen, Ⓢ7 Babelsberg, von dort Bus 690, Eintritt 21 €, Familienkarte 60 €).

Erst-klassig

Buga-Gelände 22

Im Volkspark auf dem Gelände der Bundesgartenschau 2001 im Norden der Stadt ist die **Biosphäre** die Attraktion. Die Tropenhalle lockt mit 20 000 Pflanzen, 12 m hohen Bäumen, Höhenweg, tropischen Regengüssen, einem originalgetreuen U-Boot-Nachbau und zahlreichen Forschungsstationen (Eingang Georg-Herrmann-Allee 99, Tel. 03 31/55 07 40, www.biosphaere-potsdam.de, Mo–Fr 9–18, Sa und So 10–19 Uhr, Erw. 11,50 €, Kinder 7,80 €).

Vor allem mit Kindern schön: die Biosphäre in Potsdam

Infos von A–Z

Behinderte

- **DRK-HilfsmittelCentrum**
  Rollstuhlverleih
  Bundesallee 73 | 12161 Berlin
  Tel. 600 300 200
  www.drk-berlin.de/hilfsmittel

Diplomatische Vertretungen

- **Österreichische Botschaft**
  Stauffenbergstraße 1 | 10785 Berlin
  Tel. 269 34 28-0 | Fax 229 05 69,
  www.bmeia.gov.at/botschaft.berlin.html
- **Schweizerische Botschaft**
  Otto-von-Bismarck-Allee 4 a
  10557 Berlin
  Tel. 390 40 00 | Fax 391 10 30
  www.eda.admin.ch/berlin

Freibäder

Die Berliner Freibäder sind, je nach Wetter, April bis September geöffnet. Badewasserqualität: www.berlin.de/badegewaesser oder Tel. 902 29 55 55.

- **Freibad Tegeler See**
  Schönes Havel-Strandbad mit gutbürgerlichem Restaurant.
  Schwarzer Weg 21 | Reinickendorf
  Tel. 22 19 00 11
- **Strandbad Wannsee**
  Berühmtes Havelbad im Westen mit Strandkörben und FKK-Bereich.
  Wannseebadweg 25
  Tel. 78 73 25
- **Freibad Müggelsee**
  Größtes Strandbad am Müggelsee.
  Fürstenwalder Damm 838 | Köpenick
  Tel. 648 77 77
- **Badeschiff**
  Ein alter Kahn wurde zum Pool umgebaut und in die Spree gelassen. Das Schiff ist ein Erlebnis: im Sommer schwimmen, im Winter saunieren.
  Kulturgelände Arena
  Eichenstr. 4 | Treptow
  Tel. 533 20 30
  www.arena-berlin.de

Fundbüros

- **Zentrales Fundbüro**
  Platz der Luftbrücke 6 | Tempelhof
  Tel. 902 77-31 01
  Mo–Di 9–14, Do 13–18, Fr 9–14 Uhr
- **Fundbüro der Berliner Verkehrs-Betriebe (BVG)**
  Potsdamer Str. 180–182 | Schöneb.
  Tel. 194 49
  Mo–Do 9–18 Uhr, Fr 9–14 Uhr

Information

Für das komplette touristische Leistungsspektrum für Hauptstadtbesucher ist die **Berlin Tourismus Marketing GmbH (BTM)** zuständig (u.a. Reservierung von Tickets für Veranstaltungen):

- **BTM**
  Karlsbad 11 | 10785 Berlin,
  Service-Hotline Tel. 25 00 23 33
  Fax 25 00 24 24
  www.visitberlin.de
- Auf den Internetseiten der Senatsverwaltung, gibt es Infos und Links zu allen Themen, die auch für Touristen interessant sein könnten.
  www.berlin.de
- **Museumsinformation Berlin**
  Infos zu den Museen, Archiven und Denkmälern in Berlin/Brandenburg und die Vermittlung von Führungen.
  Klosterstr. 68
  Tel. 24 74 97 00
  www.kulturprojekte-berlin.de

BERLIN infostores

Die BTM unterhält diverse Infocenter in der Stadt: **Berlin Tourist Info** (tgl. 9.30 bis 18 Uhr, im Sommer länger). Dort wird man beraten und erhält u.a. den

Museumspass und die **Berlin Welcome Card** (für 48, 72 Stunden oder 5 Tage freie Fahrt mit den öffentlichen Nahverkehrsmitteln und bis zu 50 % Ermäßigung bei über 200 touristischen und kulturellen Highlights).

- **Brandenburger Tor**
  Südflügel/Pariser Platz
  tgl. 10–18 Uhr, April–Okt. erweiterte Öffnungszeiten
- Im **Neuen Kranzler Eck**
  Passage | Kurfürstendamm 22
  Mo–Sa 10–20, So 10–18 Uhr, April–Okt. erweiterte Öffnungszeiten
- **Hauptbahnhof**
  Eingang Europaplatz
  tgl. 8–22 Uhr

Kino

Kino- und Kulturtipps finden sich in allen Tageszeitungen sowie in den Magazinen **tip** und **zitty** (erscheinen 14tägig), **Berlinprogramm** (monatl.) oder www.berlinonline.de.

Besonders schöne traditionelle Kinos sind die **ASTOR Film Lounge** am Ku'damm (Nr. 225) mit Art-déco-Interieur und XL-Sitzen, der **Zoo Palast** in der Hardenbergstr. 29a (Tiergarten) – derzeit wegen Umbau geschlossen, das **Delphi** in der Kantstr. 12a (Charlottenburg) sowie das **International** in der Karl-Marx-Alle 53 (Mitte), allesamt Berlinale-Spielorte. Von Mai bis September gibt es zudem an die 20 Open-

GUT ZU WISSEN

- Seit Anfang 2008 dürfen innerhalb des Berliner S-Bahnrings nur Fahrzeuge mit **Umweltplakette** fahren. Bei Vorliegen der Voraussetzungen erhält man die Plakette bei der Kfz-Zulassungsbehörde (Landesamt für Bürger- und Ordnungsangelegenheiten – LABO) und den Abgasuntersuchungsstellen wie TÜV oder DEKRA sowie bei den dafür in Berlin autorisierten circa 850 Abgasuntersuchungs-Werkstätten der Kfz-Innung. Die Firma Autodienst Biesdorf GmbH (ADB), Alt-Biesdorf 64, 12683 Berlin, Tel. 514 35 65, hat auch So geöffnet.
- Für in Deutschland zugelassene Fahrzeuge können **Plaketten** bei der Kfz-Zulassungsbehörde unter Angabe des Kfz-Kennzeichens über das Internet vorab online (www.berlin.de/labo/kfz/dienstleistungen/feinstaubplakette.shop.php) bestellt werden. Bei Überweisung einer Gebühr von 6 Euro (Plakette inkl.) wird die Plakette per Post zugeschickt.
- **Parken** ist in der Innenstadt nahezu flächendeckend kostenpflichtig (1–3 €/Std.). Es empfiehlt sich die Benutzung öffentlicher Verkehrmittel, Tarifinformationen › **S. 20.**
- **Taxikurzstrecke**: Für kurze Strecken bieten die Berliner Taxiunternehmen einen Kurzstreckentarif an: Man bezahlt für bis zu 2 km pauschal 4 Euro. Voraussetzungen: Das Taxi muss herangewunken werden und man muss beim Einsteigen ansagen, dass man Kurzstrecke fahren möchte (www.taxi-in-berlin.de). Taxifahrt 0–7 km: 1,28 €/km, ab 7 km: 1,65 €/km. Bestellung von Funktaxis › **S. 20.**
- **Veranstaltungshinweise**: Die beiden Magazine **tip** (www.tip-berlin.de) und **zitty** (www.zitty.de) bieten alle 14 Tage aktuelle Informationen.
- Mit dem **Museumspass** kann man für 24 € (erm.12 €) an drei aufeinanderfolgenden Öffnungstagen ca. 60 Museen und Sammlungen besuchen.

Air-Kinos in Berliner Parks und Anlagen, z.B. das **Sommerkino Kulturforum Potsdamer Platz**, das **Freilichtkino in der Hasenheide** (Kreuzberg) oder das **Freiluftkino Friedrichshain** im gleichnamigen Volkspark.

Kriminalität

Die Kriminalitätsrate Berlins ist zwar relativ hoch, im Vergleich zu anderen Großstädten aber nicht außergewöhnlich. Besonders im Gedränge in der City, in öffentlichen Verkehrsmitteln, Einkaufszentren und auf Großveranstaltungen muss man mit Taschendieben rechnen.

Vor allem die Plätze, an denen sich viele Touristen aufhalten, sind gefährdet. Man sollte also Handtaschen und Rucksäcke immer gut verschließen und im Auge behalten.

Notruf

- **Polizei**: Tel. 110
- **Feuerwehr**: Tel. 112
- **Ärztlicher Notdienst**: Tel. 31 00 31
- **Zahnärztlicher Notdienst**: Tel. 89 00 43 33
- **ADAC Stadtpannendienst**: Tel. 018 02-22 22 22
- **ACE, Autoclub Europa**: Tel. 0711/530 34 35 36

Post

Länger als zu den normalen Schalterstunden haben diese Filialen geöffnet:

- **Bahnhof Zoo**
  Buchhandlung/Kiosk im Bahnhof Zoo
  Hardenbergplatz 9–12
  tgl. 4.30–23.30 Uhr
- **Hauptbahnhof**
  Photo & Card, Europa-Platz
  tgl. 8–22 Uhr
- **Bahnhof Friedrichstraße**
  Georgenstr. 12 | Mitte
  Mo–Fr 6–22, Sa+So 8–22 Uhr.

Sport und Spaß

- **Olympiastadion**
  Heimstadion von Hertha BSC, Veranstaltungsort für Konzerte, Sportevents.

STRANDBARS

- Nirgendwo kommt so sehr Urlaubsfeeling auf wie an Berlins Stadtstränden. Sobald das Wetter mitspielt, wird die Saison eröffnet, und die Strandbars entlang der Spree bevölkern sich. Dabei wird manchenorts auch Sport getrieben. Für eines der größten Sport- und Freizeitangebote bei karibischen Reggae-Klängen ist etwa das **Yaam** (www.yaam.de) am Stralauer Platz nahe Ostbahnhof bekannt.
- Einer der populärsten Strände mit einem wunderbaren Blick auf das Bodemuseum ist die **Strandbar Mitte** (www.strandbar-mitte.de, tgl. ab 10 Uhr) im Monbijoupark › **S. 81**.
- Ein sehr weitläufiges Strandgelände, wenn es nicht den MediaSpree-Plänen › **S. 140** zum Opfer fällt, bietet der **Oststrand** (www.oststrand.de), S/U Warschauer Straße.
- Eine Institution war der **Bundespressestrand** (www.derbundespressestrand.de) im Regierungsviertel vor dem Gebäude der Bundespressekonferenz › **S. 98**. Die Strandbar musste Ende 2011 schließen, da das Grundstück für den Neubau des Bundesministeriums für Bildung und Forschung benötigt wird. Es ist jedoch ein neues Projekt in Planung – als neuer Standort ist der Humboldthafen im Gespräch.

Charlottenburg, Ⓤ2 und Ⓢ9, Ⓢ75 Olympiastadion
www.olympiastadion-berlin.de

- **Magic Mountain Climbing Center**
  Größte Kletterhalle Deutschlands.
  Böttgerstr. 20–26 | Wedding
  Tel. 88 71 57 90
  www.magicmountain.de
  Mo–Fr 12–24, Do 10–24, Sa/So 10–22 Uhr
- **Beach Mitte** ist ein beliebter Treff zum Beachvolleyball spielen. Doch man kann es dort auch gemütlicher angehen, z.B. mit einem Cocktail an der **BeachBar** im Hawaii-Stil.
  Caroline-Michaelis-Str. 8 | Mitte
  Tel. 01 77/280 68 61
- **Global Golf Berlin**
  Ganzjährig geöffnet. Preiswertes, zwangloses Golfen in der Stadt.
  Schöneberger Ufer 7 | Mitte
  Tel. 22 69 78 48
  www.globalgolf-berlin.net
- **Schwarzlicht minigolf Berlin**
  Indoor-Minigolf mit leuchtenden Schlägern und Bällen bei Schwarzlicht in Science Fiction-Atmosphäre.
  Görlitzer Str. 1, Haus 1, Eingang Skaliter/Görlitzer Straße | Kreuzberg
  Tel. 616 21 960
  Mo–Do 12–22, Fr 12–24, Sa 10–24, So 10–22 Uhr

Telefon

Berlin hat die Vorwahl 030, aus Österreich und der Schweiz 0049-30.

Theater- und Konzertkarten

- **Hekticket**
  Last-Minute-Eintrittskarten mit bis zu 50 % Ermäßigung.
  Hardenbergstr. 29d
  Tel. 230 99 30
  Mo–Sa 10–20 Uhr, So 14–18 Uhr
  Karl-Liebknecht-Str. 13 | Mitte
  Mo–Sa 12–20 Uhr
  www.hekticket.de
- **Ticket-Online**
  Auch an VVK-Kassen mit Ticket-Online-Anschluss.
  Tel. 018 05-447 00 00
  www.ticketonline.com
- **Berliner Festspiele**
  Eintrittskarten und Programminformationen für die Festivals, Programmreihen und Einzelveranstaltungen der Festspiele über das ganze Jahr.
  www.berlinerfestspiele.de

Zeitungen

- **Berliner Morgenpost** (Springer), populistisch-konservatives Blatt.
- **Berliner Zeitung**, seriös recherchiert, modernes Layout.
- **BZ** (Springer), auflagenstärkstes Boulevardblatt.
- **Berliner Kurier** (Berliner Verlag, DuMont Schauberg), BZ-Konkurrenz.
- **Junge Welt**, linke Tageszeitung.
- **Neues Deutschland**, einstiges Zentralorgan der SED, schürt die Empfindlichkeiten zwischen West und Ost.
- **Tagesspiegel** (Holtzbrinck), großer Kultur- und Feuilletonteil, am stärksten bei Regionalthemen Berlin-Brandenburg.
- **taz**, alternative, linke Tageszeitung, weniger Lokalkolorit, mehr übergreifende Statements, für kritische Recherchen bekannt.

Urlaubskasse	
Tasse Kaffee	2,50–3 €
Softdrink	2–3,50 €
Glas Bier (0,3 l)	2–3,50 €
Currywurst	2–3 €
Kugel Eis	1–1,20 €
Taxifahrt (pro km)	1,65 €
Mietwagen/Tag	ab 25 €

Register

Admiralspalast 71
Ägyptisches Museum 78
Akademie der Künste 100
Alexanderplatz 8, **84**
Alte Nationalgalerie 78
Alter Jüdischer Friedhof 92
Altes Museum 78
Alt-Köpenick 143
Anhalter Bahnhof 134
AquaDome & Sea Life 22, 77
Aquarium 22
Auguststraße 57

Babelsberg 159
Ballhaus Naunynstraße 137
Bars 45
Bauhaus-Archiv 109
Berggruen, Heinz 122
Bergmannstraße **133**
Berlinale 103
Berliner Dom 77
Berliner Mauerweg 15, 129
Berliner Medizinhistorisches Museum 90
Berlinische Galerie 57, 136
Biosphäre 159
Bode-Museum 80
Boros, Christian 58
Botschaftsviertel 109
Boxhagener Platz 141
Brandenburger Tor 8, 66
Brecht-Weigel-Gedenkstätte 90
Bröhan-Museum 122
Buga-Gelände 159
Bundeskanzleramt 97
Bundespräsidialamt 100
Bundespressekonferenz 98

Campingplätze 28
Centrum Judaicum 92
Chamissoplatz 134
Charité 89
Checkpoint Charlie 135
Chipperfield, David 78, 80
Christo und Jeanne-Claude 96
Clubs 45
Comedy 44

Dahlem 153
DDR-Museum 77
DDR-Staatsratsgebäude 77
Deutsche Bank KunstHalle 74
Deutscher Dom 72
Deutsches Historisches Museum 75
Deutsches Technikmuseum 134
Deutsches Theater 90
Döblin, Alfred 59
Dokumentationszentrum Berliner Mauer 129
Dorotheenstädtischer Friedhof 90
Dragset, Ingar 67

East Side Gallery 9, 140
Eigen + Art 58
Einstein, Albert 74, 92
Eisenman, Peter 67
Elmgreen, Michael 67
Englischer Garten 102
Ephraim-Palais 86
Ethnologisches Museum 153

Fasanenstraße **115**
Fernsehturm 8, 84
Feste 60
FEZ Berlin 22
FHXB Friedrichshain-Kreuzberg Museum 137
Fichte, Johann Gottlieb 59
Filmpark Babelsberg 159
Flechtheim, Alfred 57
Flick Collection 89
Flohmärkte 41
Flughafen Tempelhof 131
Forum Fridericianum **73**
Französischer Dom 72
Freizeitpark Lübars 22
Friedrich der Große 55, 72, 73, 74, 117
Friedrich I. 55
Friedrich Wilhelm 50, 53
Friedrich Wilhelm I. 72, 78, 81
Friedrich Wilhelm II. 117
Friedrich Wilhelm III. 74, 79
Friedrichshain 9, 141
Friedrichstadt-Passagen 72
Friedrichstraße 8, **71**
Friedrichswerdersche Kirche 76

Galerie Contemporary Fine Arts 58
Galeriehaus am Kupfergraben 58, 80
Galeriehaus Lindenstraße 136
Galerie Nierendorf 57
Gedächtniskirche 8
Gedenkbibliothek 136
Gedenkstätte Berliner Mauer 129
Gedenkstätte Deutscher Widerstand 108
Gehry, Frank O. 70
Gemäldegalerie 108

Gendarmenmarkt 8, **72**
Gipsformerei 121
Gleisdreieck Park 135
Glienicker Brücke 152
Grass, Günter 59
Grassi, Georgio 103
Grenzübergang
- Chausseestraße 16
- Invalidenstraße 16
Grimm, Jakob und Wilhelm 74
Grips Theater 23, 101
Gropius, Walter 101
Grosz, George 114
Gründgens, Gustaf 72

Hackesche Höfe **93**
Hackescher Markt 93
Hamburger Bahnhof 57, 89
Hansaviertel 101
Hauptmann von Köpenick 146
Haus der Berliner Festspiele 116
Haus der Kulturen der Welt 100
Haus der Wannsee-Konferenz 148
Havel **148**
Hegel, Georg Wilhelm Friedrich 74
Heinrich-Zille-Museum 121
Herz, Henriette 59
Historisches Zentrum 64
Holocaust-Mahnmal 66
Hotel Adlon 70
Humboldt-Universität 74
Husemannstraße 128

Jahn, Helmut 103
Jakob-Kaiser-Haus 97
Jazzclubs 45
Jüdischer Friedhof 126
Jüdisches Gemeindehaus 115
Jüdisches Museum 136
Jugendherbergen 28

Kabarett 44
Kaiser-Wilhelm-Gedächtniskirche 116
Kaiser Wilhelm II. 50, 77, 80, 96
Kammermusiksaal 106
Karl-Marx-Allee 87
Käthe-Kollwitz-Museum 115
Kaufhaus des Westens 8, 116
Keramik-Museum Berlin 122
Klein Glienicke 152
Kollwitz, Käthe 56, 75
Kollwitzplatz **128**
Konzerthaus 72
Köpenick 9, 143
Köpenicker Rathaus 143
Köpenicker Stadtschloss 144
Kottbusser Tor 137
KPM (Königliche Porzellan-Manufaktur) 101
Kreuzberg 9, **131**
Kronprinzenpalais 75
Ku'damm-Karree 113
KulturBrauerei 127
Kulturforum 8, **106**
Kunstgewerbemuseum 107
Künstlerhaus Bethanien 139
Kunstquartier Heidestraße 89
Kunst-Werke Berlin 58
Kupferstichkabinett 107
Kurfürstendamm 8, 112
Kurfürst Friedrich III. 50, 117
Kurfürst Joachim II. 50, 55

Labyrinth Kindermuseum 23
Langhans, Carl Gotthard 56, 66, 74, 84, 117
Leibniz, Gottfried Wilhelm 50
Leipziger Platz 8
Lenné, Peter Joseph 101
Liebermann, Max 56, 126
Liebermann-Villa 148
Liebknecht, Karl 50
Literaturhaus 115
Livemusik 45
Lustgarten 77

Madame Tussauds 71
Marie-Elisabeth-Lüders-Haus 98
Marienkirche 8, **84**
Märkisches Museum 86
Martin-Gropius-Bau 135
Marx-Engels-Forum 85
Mauermuseum 135
Meyerbeer, Giacomo 126
Mitte **82**
Monbijoupark 81
Müggelsee 9, 147
Museum Berggruen 57
Museum für Fotografie 114
Museum für Kommunikation 72
Museum für Naturkunde 89
Museum für Verkehr und Technik 23
Museumsinsel 8, **77**
Musical 43
Musikinstrumenten-Museum 106

Naturkundemuseum 23
Neptunbrunnen 85
Neue Nationalgalerie 108
Neues Kranzler Eck 116
Neues Museum 78

Neue Synagoge 91
Neue Wache 74
Niederkirchnerstraße 135
Nikolaikirche 86
Nikolaiviertel 8, 85
Nordbahnhof 16

O2 World 141
Oberbaumbrücke 140
Olivaer Platz 113
Oper 42
Oranienburger Straße 91
Oranienstraße 138
Ostermeier, Thomas 112

Palais am Festungsgraben 75
Palast der Republik 76
Pariser Platz **70**
Parochialkirche 87
Paul-Löbe-Haus 97
Pei, I. M. 75
Pergamonmuseum 80
Peter Joseph Lenné 78
Pfaueninsel **149**
Pfefferberg 125
Philharmonie 106
Piano, Renzo 103
Planck, Max 74
Potsdam 9, **154**
▪ Holländisches Viertel 157
Potsdamer Platz 8, **104**
Prater 126
Prenzlauer Berg 8, **125**
Preußischer Landtag 135
Prinzessinnenpalais 75

Raschdorff, Julius 77
Rattle, Simon 107
Rauch, Christian Daniel 56
Regierungsviertel 8
Reichstag **96**
Riehmers Hofgarten 132
Rotes Rathaus 85
Russische Botschaft 71

Sammlung Scharf-Gerstenberg 122
Sauerbruch, Ferdinand 89
Savignyplatz 113
Schadow, Johann Gottfried 56, 66
Schaubühne 112
Schauspiel 43
Scheidemann, Philipp 50, 96
Scheunenviertel 93
Schinkel, Karl Friedrich 56, 72, 78
Schleiermacher, Friedrich 59
Schloss Babelsberg 159
Schloss Bellevue **100**
Schloss Charlottenburg 8, 116
Schlossplatz **76**
Schloss Sanssouci **154**
Schlüter, Andreas 55, 75
Schultes, Axel 99
Siegessäule 102
Simon-Dach-Straße 141
Sony Center 105
Sophie-Gips-Höfe 92
Sophienstraße 92
Sowjetisches Ehrenmal 96
Staatsbibliothek 74
Staatsoper Unter den Linden 74
Stadtführungen 18, 23, 154
Stadtschloss 76
St.-Hedwigs-Kathedrale 73
St. Peter und Paul 152
Strandbad Wannsee 22
Stüler, August 92, 122
Synagoge Friedenstempel 130

Tauentzien 8
Taut, Max 101
Theater des Westens 114
Tiergarten 8, 101, **94**
Tierpark Friedrichsfelde 22
Tipi – Das Zelt 100
Topographie des Terrors 135
Tucholsky, Kurt 59

Ullstein, Leopold 126
UNESCO-Siedlungen 56
Unter den Linden 8, **71**

Vagantenbühne 114
Varieté 43
Varnhagen von Ense, Rahel 59
Viktoriapark 131
Virchow, Rudolf 90
Volksbühne 93
Volkspark Friedrichshain 141
von Arnim, Bettina 59
von Humboldt, Alexander 59
von Humboldt, Wilhelm 50, 59
von Knobelsdorff, Georg Wenzeslaus 55, 73, 117

Waldemar Grzimek 57
Wallot, Paul 96
Walter Leistikow 56
Waltz, Sasha 112
Wannsee 9, **148**
Wasserturm 130
Wasserwerk Friedrichshagen 146
West-City **110**
Wochenmärkte 41
Wolf Biermann 59

Zille, Rudolf Heinrich 121
Zoologischer Garten 22, 102
Zweig, Arnold 59

Bildnachweis

Coverfoto Alexanderplatz © laif/Peter Rigaud

Fotos Umschlagrückseite © Fotolia/York (links); H.-P. Merten Fotodesign (Mitte), LOOK-foto/Joris van Velse (rechts)

Admiralspalast: 71; Alamy/WoodyStock: 158; APA Publications/F. Gransden & Mark Read: 54; Bildagentur Huber/Hans-Peter Huber: 142; Alexander Binder: 129; Fotolia/Gordon Bussiek: 104; Fotolia/downer: U2-1; Fotolia/Ohrauge: U2-3; Fotolia/sp4764: 16; Fotolia/Stanford Lone: 88; F1online/Jose Fuste Raga: 110; Paul Freyer: 75; Herbert Hartmann: 13, 127; H.-P. Merten Fotodesign: 64, 82, 85; KaDeWe: 111; Martin Kirchner: 15; Jahreszeitenverlag/Florian Bolk: 9; Jahreszeitenverlag/Jan Brettschneider: 29; Jahreszeitenverlag/GourmetPictureGuide: 33; Jahreszeitenverlag/Philip Koschel: 1, 46, 62, 124, 130; laif/GAFF/Adenis: 43; laif/Paul Hahn: 73; laif/Kirchner: 60, 159; laif/GAFF/Maecke: 34; laif/Neumann: U2-4, 155; laif/Zenit/Paul Langrock: 18, 95, 103; laif/Westrich: 22; Uwe Latza: 65, 92, 146, 149; LOOK-foto/Torsten Andreas Hoffmann: 152; LOOK-foto/Karl Johaentges: U2-2, 23, 109, 138; LOOK-foto/B. Limberger: 97; LOOK-foto/Roetting/Pollex: 57; LOOK-foto/Jürgen Stumpe: 61, 94, 123; LOOK-foto/TerraVista: 101; LOOK-foto/H. & D. Zielske: 6, 106; me Collecters Room 2013/Foto: Daiy Loewl: 91; Erhard Pansegrau: 76, 79, 136; Propeller Island City Lodge: 26; Pixelio/balazs: 67; Shutterstock/Alexander Inglessi: 51; Shutterstock/lexan: 135; Shutterstock/Ppictures: 49; Shutterstock/Stripped Pixel: 11; Shutterstock/Abel Tumik: 117; Ilona Studre: 38; Wikipedia/Manfred Brückels_CC 3.0: 121; Wikipedia/dalbera: 81; Wikipedia/gemeinfrei: 114; Wikipedia/Jens K. Müller: 141.

Impressum

Herausgeber: TRAVEL HOUSE MEDIA GmbH, München
Verlagsleitung: Michaela Lienemann
Redaktionsleitung: Grit Müller
Autoren: Christiane Petri, Manuela Blisse und Uwe Lehmann
Redaktion: Buch und Gestaltung Britta Dieterle und Heide Ilka Weber
Bildredaktion: Ulrich Reißer
Visuelle Neukonzeption und Layout: Gramisci Editorialdesign, München, und Ute Weber, Geretsried
Titeldesign-Konzept: Gramisci Editorialdesign, München, und Ute Weber, Geretsried
Karten und Pläne: Sybille Rachfall
Satz: Tim Schulz, Mainz
Druck: Stürtz Mediendienstleistungen, Würzburg

Dieses Buch wurde auf chlorfrei gebleichtem Papier gedruckt.
ISBN 978-3-8464-9601-5

www.polyglott.de

Liebe Leserin, lieber Leser,

wir freuen uns, dass Sie sich für diesen Polyglott on tour entschieden haben. Unsere Autorinnen und Autoren sind für Sie unterwegs und recherchieren sehr gründlich, damit Sie mit aktuellen und zuverlässigen Informationen auf Reisen gehen können. Dennoch lassen sich Fehler nie ganz ausschließen. Wir bitten Sie um Verständnis, dass der Verlag dafür keine Haftung übernehmen kann.

Ihre Meinung ist uns sehr wichtig. Bitte schreiben Sie uns:
TRAVEL HOUSE MEDIA GmbH, Redaktion Polyglott, Grillparzerstraße 12, 81675 München,
redaktion@polyglott.de

Langenscheidt Mini-Dolmetscher Berlinerisch

Im letzten Winkel deutscher Lande erkennt man den typischen Berliner sofort an seinem schnoddrigen Sprachwitz. Keine andere deutsche Mundart trägt so offen die atemberaubende Respektlosigkeit, aber auch den spröden Humor ihres Sprechers zur Schau wie das Berlinerische. »Lieber'n bißken mehr, aber dafür wat Jutet!«, so denkt sich fröhlich der echte Berliner. Ganz normal auf Berlinerisch ist die ständige Vertauschung des dritten und vierten Falls, was bei einem Geständnis wie »Ick liebe Dir« für restdeutsche Ohren eher ziemlich unangebracht klingt. Gerne benutzt wird auch der erweiterte Infinitiv, aber nach allen Regeln deutscher Grammatik an falscher Stelle. Da teilt uns die Sachbearbeiterin der Versicherung dann freundlich mit, sie habe die Akte gerade »vorzuliegen«. Das Berlinerische ist eine über Jahrhunderte gewachsene Vermischung aus dem Plattdeutschen, Obersächsischen, Jiddischen, Slawischen und dem Französischen. Niederdeutsche Bauern, Hugenotten und viele andere Einwanderer brachten ihre Sprache in den Schmelztiegel mit ein. Der Karikaturist Heinrich Zille hat das Berlinerische während der 1920er Jahre mit den Untertiteln seiner liebevollen Schilderungen »aus'm Milljöh« populär gemacht. Allerdings verschwinden viele dieser Ausdrücke immer mehr und sind häufig nicht einmal mehr gebürtigen Berlinern geläufig.

abhotten	tanzen
auf dem Tochus sitzen	sich auf seinen vier Buchstaben niederlassen
aus daffke	aus Trotz
aus der Lameng	im Handumdrehen
Beene	Beine
Berlina Flanze	echtes Berliner Mädchen
Bollenfleisch	Zwiebelfleisch vom Lamm
Bulette	Frikadelle
Café Achteck	öffentliche Toilettenhäuschen von 1900
Deez	Kopf
Destille	leistungsfähige Kneipe
dette	das
een	einen
eens ins Weite zwitschern	abhauen, verduften
Eierkuchen	Pfannkuchen
embrassieren	umarmen
englisches Ei	neue Glaskuppel des Reichstagsgebäudes
Fortepiano	Klavier
gnatzig	schlecht gelaunt
Hackepeter	rohes Schweinehack mit Zwiebeln und Ei
hohler Zahn	Turm der Kaiser-Wilhelm-Gedächtniskirche
Hungerharke	Luftbrückendenkmal am Flughafen Tempelhof
ick, icke	ich
ick hab de Neese pleng	ich habe die Nase voll
inkommodieren	belästigen
janz jut	ganz gut
Jejend	Gegend
Jöhre	Kind
kabbeln	sich zanken
keen Jetue nich	keine Umständlichkeiten
kieke ma' rinn	schau' doch mal vorbei
Kiez	Viertel, Wohngegend
keen Kopp nich machen	sich keine Gedanken machen
knorke	Toll! Klasse!
koofen	kaufen
Langer Lulatsch	Funkturm
Liebesknochen	Eclair (Gebäckstück)
loofen	laufen
Mallörchen	Malheur, dumme Geschichte
Männeken	kleiner Mann, »...mein Lieber!«
Markör	Kellner
Merkwürdiges Viertel	Hochhaussiedlung Märkisches Viertel
meschugge	verrückt
Mischpoke	Familie
Molle	Bier
Mollenfriedhof	Bierbauch
Mostrich	Senf
Ooogen	Augen
Olle, Oller	Ehefrau, Ehemann
Pfannkuchen	Karnevalskrapfen, Berliner
Plauze	dicker Bauch, Wanst
Rucksack-berlina	Zugereister, Neuberliner
Schrippe	ovales Brötchen mit Längskerbe, Semmel
scheen	schön
Steppke	kleiner Junge
Stulle	belegte, und doppelt geklappte Brotschnitte
Tacheles reden	jemandem deutlich seine Meinung sagen
uffjerecht	aufgeregt
wa?	in Ordnung?
wat?	Was? Wie bitte?
Zoff	dicke Luft